云南省"十二五"规划教材

民族健身操教程

寸亚玲 著

李 俊 李建云 图片拍摄
李 鹏 音乐编曲（除藏族音乐外）

复旦大学出版社

Preface
前言

时光如梭，转眼我已进入云南民族大学体育学院从事体育教育30年了。云南是一个多民族的省份，独特的历史文化和自然生态环境使各民族传统体育各具特色，多姿多彩。但由于历史及其他种种因素，长期缺乏系统的研究，导致这些少数民族传统体育项目未能融入全社会的体育活动中。作为一名高校教师，我深深地体会到保护少数民族传统体育项目的重要性和迫切性。因此，早在2003年我就开始对少数民族民间民俗舞蹈进行田野调查、整理收集，并对收集整理后的少数民族民间民俗舞蹈进行二次创编，探索性地创编出具以科学性、时代性、健身性、观赏性为一体的云南少数民族健身操6套，并在云南电视台播放，效果不错。2007年，由云南省体育局策划，云南省群众体育指导中心负责实施，由我为课题组负责人再次创编出了15套民族健身操。

本教材注重能力的培养，以科学性、艺术性、实用性、可创性为原则进行编写。全书分为4个部分：理论知识篇、教学实践篇、规则与裁判法篇、理论知识拓展篇15章分别进行撰写，其中创编的彝族、白族、傣族、藏族健身操均通过云南省体育科学研究所测试，属符合大众群体锻炼与大众健美操具有同一性的有氧运动，是易于普及和推广的新型运动项目。

本教材图文并茂，具有理论与实践相结合、传授知识与培养能力为一体的鲜明特色，主要目的是为了让更多的大众了解、学习民族健身操，让民族健身操能在学校以及社会上得到更为广泛的推广和普及。

本书得以顺利完成，要特别感谢云南省群众体育指导中心许建峰主任的大力支持与帮助；要感谢昆明学院周明教授、云南师范大学陈敏教授的鼎力支持；同时，刘坚、邓伟等专家、教授也提出了许多宝贵意见；要感谢李俊老师、李建云老师为本书所做的图片拍摄工作；感谢王静慈、张婷婷、李福金文、玉南该旺、赵荣、杨慧、高丽、刀美玲等同学为本书的图片进行了示范动作；感谢音乐编曲（除藏族音乐外）李鹏老师。对于各方面的支持与帮助，深表谢忱！

受学识水平的局限，书中粗浅、错误之处难免，恳请专家学者、广大读者见谅和批评指正。

寸亚玲
2014年2月
于昆明

Contents
目录

第一章　民族健身操概述　　　　　　　　　　　1
　第一节　民族健身操的定义　　　　　　　　　1
　第二节　民族健身操分类　　　　　　　　　　2
　第三节　民族健身操的特点　　　　　　　　　3
　第四节　民族健身操的功能　　　　　　　　　5

第二章　云南少数民族健身操的文化特性　　　　8
　第一节　云南省概况　　　　　　　　　　　　8
　第二节　云南省少数民族简介　　　　　　　　9
　第三节　云南省民俗文化简介　　　　　　　　9
　第四节　云南省少数民族舞蹈简介　　　　　10
　第五节　云南省民族健身操的起源与演进　　10

第三章　民族健身操的教学与训练　　　　　　12
　第一节　民族健身操的教学任务　　　　　　12
　第二节　民族健身操的教学特点　　　　　　13
　第三节　民族健身操的教学方法　　　　　　14
　第四节　民族健身操的运动训练　　　　　　18

第四章　民族健身操的创编　　　　　　　　　20
　第一节　民族健身操的编排依据　　　　　　20
　第二节　民族健身操的创编原则　　　　　　21
　第三节　民族健身操的创编步骤与记写方法　23
　第四节　民族健身操的创编要点　　　　　　23

第五章　民族健身操与音乐　　　　　　　　　25
　第一节　民族健身操音乐的特点和应用　　　25
　第二节　民族健身操音乐的选配　　　　　　26
　第三节　运用音乐时的注意事项　　　　　　27

第六章　民族健身操与科学锻炼　　　　　　　28
　第一节　民族健身操锻炼的生理负荷　　　　28
　第二节　民族健身操锻炼的自我监督体系　　29
　第三节　民族健身操锻炼的科学方法　　　　32
　第四节　民族健身操锻炼与卫生　　　　　　33

第七章　彝族烟盒健身操　　　　　　　　　　36
　第一节　彝族烟盒健身操概述　　　　　　　37
　第二节　彝族烟盒健身操成套技术动作　　　40

第八章　傣族健身操　　　　　　　　　　　　60
　第一节　傣族健身操概述　　　　　　　　　61
　第二节　傣族健身操成套技术动作　　　　　64

第九章　白族健身操　　85
第一节　白族健身操概述　　86
第二节　白族霸王鞭健身操成套技术动作　　89

第十章　藏族健身操　　108
第一节　藏族健身操概述　　109
第二节　藏族健身操成套技术动作　　112

第十一章　彝族撒尼健身操　　127
第一节　彝族撒尼健身操概述　　128
第二节　彝族撒尼健身操的成套技术动作　　130

第十二章　民族健身操竞赛规则　　148
第一节　总则　　148
第二节　场地设置和器材　　148
第三节　比赛项目　　149
第四节　比赛通则　　150
第五节　评判办法　　151
第六节　成绩与名次判定　　154
第七节　申诉　　154
第八节　裁判人员及职责　　154

第十三章　民族健身操竞赛裁判法　　156
第一节　裁判工作人员应具备的基本素质　　156
第二节　裁判委员会的组成和职能　　157
第三节　比赛程序　　159
第四节　竞赛相关表格　　160

第十四章　营养与健康　　163
第一节　营养与营养素　　163
第二节　热量　　166
第三节　平衡膳食　　169
第四节　膳食指导　　175

第十五章　体育锻炼卫生　　178
第一节　体育锻炼的卫生要求　　178
第二节　疲劳及其消除的方法　　180
第三节　常见运动损伤的原因及预防原则　　181
第四节　常见运动损伤的处理　　182
第五节　常见运动性疾病的防治　　184
第六节　运动处方　　186

附录　　189
主要参考文献　　198

第一章

民族健身操概述

近年来，随着健身运动的不断发展，人们对健身的理解进一步加深，知识水平和健身的科学化程度不断提高，对健身的需求也更加多样化和个性化。民族健身操为健身爱好者提供了新型的健身内容，由于不同民族有着不同的地域分布及文化特点，动作和节奏有的舒缓轻柔，有的雄浑，具有浓郁的乡土风情和民族特点。具有民族特色的健身操音乐随着曲调与节奏的变化和动作起伏而产生的韵律感，增加了民族健身操的韵律美。同时，在音乐的伴奏下进行锻炼可以延缓疲劳的出现，欢快明朗、有节奏的音乐可以更快地调动人们的兴奋性，增加练习者的积极性，使练习者在练习的同时既增强了体质，又感受到各民族不同的民族风情，促进练习者对民族文化的了解，从而使民族体育文化得以传承。由于民族健身操不受场地和器材的限制，且具有表演性强、观赏价值高、易于参与、锻炼效果好等特点，更具有推广价值。民族健身操作为一项新型的民族传统体育项目，展现了中华民族璀璨的文化内涵。在倡导全民健身的社会背景下，民族健身操具有相当广阔的发展空间和发展前景。

第一节 民族健身操的定义

民族健身操是在民族舞蹈、健美操和少数民族传统体育项目的基础上发展而来并形成的一项独具特色的健身项目，现在已经成为全国少数民族传统体育运动会的正式比赛项目。它来源于少数民族群众的民间生活，是将人们祭祀、祈祷、节日庆典娱乐等活动表现出来的肢体动作或主题观念进行加工整理，与现代健身健美操和民族舞蹈相融合，在民族音乐的伴奏下进行的一种体育运动和文化娱乐活动。

民族健身操的很多动作和艺术风格取材于民族舞蹈。舞蹈是通过表达人们的思想感情来反映社会生活的一种艺术。它以人的肢体为工具，以经过提炼、组织和艺术加工的人体动作为主要表现手段。舞蹈是人类本能的、与生俱来的一种艺术形式，是用于表达心理感悟的人类共通的形体语言。在人类还没有产生语言文明之前，人们就用表情、姿态和动作来表达感情，传递各种信息。从广义上讲，在自己民族中起源和流传的，而且是自己民族所独有的舞蹈形式就是民族舞蹈。从狭义上讲，一个民族特有的或专有的舞蹈形式就是民族舞蹈。民族艺术作为一定民族精神生活和物质生活的反映，主要来自于民族的社会劳动实践。但具体到某种特定的文化或艺术形态的起源、演化，则有其特殊因素。除劳动说之外，它可能还与祭祀、娱乐、战争等有密切关系。

中国民族民间舞蹈是一个绚烂夺目、五彩纷呈的民族舞蹈体系。它们因社会环境、经济模式和文化习俗等多方面的差异而不同，不仅表现在主题内容和外部形式，而且也表现在节奏和艺术感上。但它们也有相同点，从功能上来说，大体可划分为：宗教祭祀性舞蹈、仪式性舞蹈、娱乐性舞蹈、民族历史传衍舞蹈和生产劳动传衍舞蹈等。虽然不同民族所流传下的民间舞蹈风格、形式和内容各有不同，或婀娜多姿或热烈奔放，或源于祭祀宗教仪式，或为表达倾慕之情，但都充分展现着中华民族所具有的悠久历史和丰富内涵的民族文化底蕴。这些都来自大山、森林、江河湖泊和广阔原野等一些清新自然的环境中，仿佛还散发着泥土的芬芳，充满着民族豪情。

民族健身操设计编排的很多元素借鉴于健身健美操。健美操作为一项现代体育运动，深受广大人民群众喜爱，普及性极高，是集舞蹈、体操、音乐、娱乐于一体的健身运动。健美操运动可分为三大类，分别是竞技健美操、健身健美操和表演健美操。其中，群众基础最好的就是健身健美操。健身健美操的目的在于提高体质，增进健康，这个特点使其适合社会不同阶层各个年龄段的人群练习。

由于民族健身操是近几年提出的名词，对于它的确切概念，目前学术界还没有一个一致的界定。笔者比较赞同黄咏老师提出的概念：民族健身操是在经过操乐化的民族音乐的伴奏下进行的以民族舞蹈语汇操化动作为主的身体练习，是以达到提高各项身体素质、传承优秀民族文化、健身健心为目的的一项民族传统体育项目。

本教材民族健身操定义为：民族健身操是以民族舞蹈动作和民族素材为元素，以操化动作为基础，在民族音乐伴奏下，以身体练习为基本手段，以有氧运动为条件，达到增进健康、塑造形体、休闲娱乐和传承优秀民族文化为目的的一项体育运动。

第二节　民族健身操分类

民族健身操内容丰富、形式多样，根据不同类型民族健身操所要达到的主要目的和侧重完成的任务，可将民族健身操分为以下3类：

1. 推广类民族健身操　以健身为目的，通过全面活动身体，提高有氧代谢能力，增强体质，以达到促进健美、焕发精神、陶冶情操和传承民族文化的目的。推广类民族健身操面向大众，强度和难度相对较低，可为社会不同年龄、性别、职业、层次的人士所选用。

2. 表演类民族健身操　属于展示性与观赏性范畴，主要是为了介绍、推广、传播，以及带动民族健身操的发展，丰富人民大众的业余文化体育生活。其目的是为了展示与观赏。

3. 竞技类民族健身操　以竞赛为目的，有特定的竞赛规则和评分方法，需完成一定的难度动作，对参赛者的身体素质、技术能力和艺术表现力有较高要求，是展示人体健、力、美，全面素质和民族特性的竞赛项目。

第三节　民族健身操的特点

一、浓郁的民族性

一套民族健身操一般是指一个民族或一个民族区域以民族舞蹈动作为元素创编的健身操。毋庸置疑，它既不同于现代的健身健美操，更不是一种世界通行的体育运动形式。其中的民族性，所反映的就是创造这类健身运动形式的民族群体性格。许多民族的健身运动形式在几十年、几百年，乃至上千年的传承、普及过程中，会不断融进其他民族传统的健身体育的因素，也会随着时代的不断变迁而有所变革、演化，但它始终保留着其初始创编时的民族印迹。其次，长期以来，由于民族健身操主要流行于本民族中，民族文化和民族性格相互熏陶，时时地影响着民族健身操的发展。

少数民族健身操是少数民族传统体育项目，是民族舞蹈和健美操运动的有机结合。不同民族的健身操各具特点，它充分体现民族文化的内涵和精华，具有突出的民族特点。具体表现在以下两个方面。

首先，民族健身操的民族性体现在动作特点方面。少数民族健身操是一种新兴的健身运动，它开创性地把少数民族舞蹈与健身操运动有机结合，既有力度鲜明的健身动作，又有艺术感丰富的少数民族舞蹈元素；既有感人的艺术表现力，又有深刻的文化内涵。其动作特点既有健身性，同时也有传播民族文化的作用。其次，是音乐特点方面。音乐始终伴随着人类社会的前进发展，表现出其独特的艺术魅力。民族健身操选用的音乐都是具有少数民族风情、旋律悦耳动听、节奏感较强的民族音乐精品。这些音乐为人们所熟悉，具有很强的感染力，容易让人们产生浓厚的兴趣，培养人们积极的锻炼意识，彰显动作的内在表现力，使人产生一种振奋、欢快、跃跃起舞的情绪。民族音乐的艺术感染力，所产生的强大凝聚力，有助于增强民族的认同感。使用优秀的民族音乐来创作民族健身操，对这项运动的发展有着至关重要的意义。

二、地域性

不同民族因生活的自然环境、气候条件、社会历史、宗教信仰和风俗习惯等方面的不同，表现其民族精神、情感、观念的民族艺术也有着明显的差别，所以每一个民族健身操都有本民族的风格特征和独特韵味，这使少数民族健身操具有一个很鲜明的特点——地域性。例如，彝族的"烟盒健身操"就是取材于云南红河州一带彝族的"烟盒舞"（也叫"三步弦"或"跳弦"）。其动作的创编正是融合了"烟盒舞"中"凤点头"、"正弦"等基本元素，音乐用四弦琴演奏为主的韵律，风格优美，气质古朴，具有浓郁的民族地域特色；又如云南特有民族佤族的佤族健身操，其创编动作不仅包含佤族民间木鼓舞中的"两步一踏"、"跺脚"、"甩手走步"，还融合了佤族独有的甩发舞中的"跨步扭动"、"胸部含展"、"甩发绕肩"等动作元素，这套健身操具有鲜明的佤族特色。这些充分体现各民族各地方特色文化且具有独特个性的民族健身操正是保留，并突出、发展了本民族、本地域的这些独特艺术特点，赋予了其鲜明的地域性，才能脱颖而出，具有鲜活的生命力。

三、高度的艺术性

民族传统体育项目中，有现代纯竞技体育项目，也有侧重于表演性质的体育项目，而民族健身操就属于后者。它是民族体育与艺术完美结合的代表，具有极高的艺术表演性，它的审美价值不可小觑。民族健身操运动是一项追求人体健与美的运动项目，因此民族健身操运动属健美体育的范畴，具有较高的艺术性。民族健身操运动的艺术性主要体现在其"健、力、美"的特征上，"健康、力量、美丽"是人类有史以来追求身体状况的最高境界。在民族健身操运动中，无论是推广类民族健身操、表演类民族健身操，还是竞赛类民族健身操，无不处处表现出了"健、力、美"的特征，这也正是人们热爱民族健身操运动的原因之一。它使人们全身心地参与到民族健身操的整个过程，欣赏健身操的美，体验运动带来的激动，深刻感受独特民族艺术的多重属性。它不仅体现出我国少数民族传统体育的艺术特性，更是少数民族健身操的魅力核心。主要表现在两个方面：一方面是少数民族自古流传下的独特的艺术魅力。独特的动作表达形式再现出生产、生活和娱乐的情景，流露出浓郁的自然气息。再加之旋律优美且风格迥异的民族音乐和现代健美操清晰音乐的节奏感，更是展示出各个民族迥异的艺术表现个性。另一方面是民族健身操极强的民族艺术性。舞者所穿着和佩戴的民族风情各异、色彩斑斓的少数民族服饰和饰品给人以强烈的视觉冲击，展现出各民族迥异的劳动审美情趣。民族健身操以其独特的民族性，深刻反映着各民族悠久的社会历史、生活习惯、民族风俗和地域特点，具有扎实的群众实践基础，从而形成了别具一格的动作表达形式。

民族健身操动作协调、流畅、有弹性，不仅使练习者锻炼了身体、增强了体质，而且从中得到了美的享受，提高了素养和艺术修养。而竞赛类民族健身操运动员在比赛中所表现出的健美的体魄、高超的技术、流畅的编排和充沛的体力等也无不给观众留下深刻的印象，充分体现出了民族健身操运动的"健、力、美"特征和高度的艺术性。

四、强烈的节奏感

民族健身操动作具有强烈的节奏性特点，并通过音乐充分地表现出来。因此，音乐是民族健身操运动不可或缺的组成部分。民族健身操音乐的特点具有强烈的民族风格特征，节奏强劲有力，旋律优美，具有烘托气氛、激发人们情绪的效应。

民族健身操运动之所以深受人们喜爱，除练习本身的功效性、动作的时代感外，很重要的因素之一就是现代音乐给民族健身操运动带来了活力。民族健身操动作与音乐的和谐统一，节奏感强烈，使民族健身操练习者更具感染力，使民族健身操运动的比赛和表演更具观赏性。

五、广泛的适应性

民族健身操融健身、娱乐、治疗、防病于一身，运动的练习形式丰富多样，动作优美流畅，学习简单易行，运动量适中，不受时间、场地、器材、人数、气候等条件的限制，老少皆益。不同年龄、不同体质状况的人可以通过控制动作的速度、幅度和练习时间来调节运动量和强度，各种人群都能从民族健身操练习中找到适合自己的运动方式，都能从民族健身操运动的练习中得到乐趣。例如，中老年人可选择低强度的有氧练习，达到锻炼身体、娱乐身心、保持健康的目的，如推广类傣族健身操；而具有较好身体素质、有意进一步提高的年轻人，可选择难度较高、运动量较大的竞赛类民族健身操动作，如竞赛类佤族健身操。通过民族健身操运动的练习，不仅锻炼了身体，而且还可提高技术水平，满足其进取的要求。因此，民族健身操运动具有广泛的适应性，是一项适应面广，开发价值大的全民健身项目，各民族群众的广泛参与是少数民族健身操广泛适应性的具体体现。

六、健身性

民族健身操的动作是经过民族舞蹈动作元素的操化汇编形成的，其肢体运动具有一定的身体锻炼价值。尽管民族健身操以民族舞蹈动作为基本元素，但其是在有氧运动基础上，经过解剖学、生理学、体育美学和健美操运动等多学科的理论指导创编而成，其动作和形式具有明显的全面性、对称性和针对性，有助于人们塑造形体，改善体态，对提高生理功能更是有良好的功效。

云南省在全国率先将民族舞蹈创编为民族健身操，使民族健身操逐渐进入社区和学校，将民族健身操发展成为全民健身活动中的一个亮点。

第四节 民族健身操的功能

一、弘扬民族文化，增进民族和睦

近年来，少数民族传统体育的蓬勃发展推动了少数民族和民族地区群众体育活动的开展，增强了各民族人民的体质，提高了少数民族传统体育运动水平，同时促进各民族之间的交往，消除各民族因地理环境、生活方式、文化传统带来的隔障。各民族欢聚在一起，既尊重民族风俗习惯，促进民族团结，又增强了民族自信心、自豪感，有助于改善民族关系、增进友谊、加强团结、促进民族地区经济的繁荣和文化的发展，促进了社会主义精神文明和物质文明的建设，为构建社会主义和谐社会起到了桥梁和纽带的作用。

在今天，我们通过推广普及民族健身操，正是以体育为载体，文化为内涵，全面弘扬各少数民族优秀的传统文化，是对各少数民族文化优势的一种认同。这有利于增强各民族的认同感，对维护和加强各民族之间的联系，增进民族间的团结具有重要的作用。

二、有利于全民健身计划的实施

全民健身计划的实施关系到人民群众的身体健康和生活幸福，是综合国力和社会文明进步的重要标志，是社会主义精神文明建设的重要内容，是全面建设小康社会的重要组成部分。我国经济发展不平衡，相对于经济发展较好的东部区域，西部区域的经济发展相对滞后，经费短缺，公共体育设施、场馆、器材匮乏普遍存在，群众体育指导员严重缺乏，是开展大众体育遇到的最大障碍；而民族健身操内容丰富，形式多样，种类较多，适合不同年龄的群体操练，且大多不受场地、器材限制，显示了巨大的经济实用价值。

三、教育功能

体育是教育中不可或缺的一部分，其教育功能最早在人类早期的原始社会就已经体现出来了。许多少数民族通过体育活动，向人们传授生活、生产的技能。例如，佤族的狩猎舞、爱伲人的采茶舞、彝族的纺棉舞和哈尼族的栽秧鼓舞等。舞蹈中包含的一些运动技能本身就是生产、生活技能的提炼。民族健身操具有很好的积极因素，有助于民族精神的弘扬和民族道德素质的提高。在很好的传承这些文化习俗的同时，对人们形成良好的社会道德规范和民族心理也具有重要意义。

四、传承民族体育文化

民族文化是各民族在其历史发展过程中创造和发展起来的具有本民族特点的文化，是各民族智慧的结晶，包括物质文化和精神文化。民族健身操是少数民族传统体育的新兴健身项目，是群众体育锻炼的重要内容。在西部这样一个多民族聚集的区域，各民族都有自己的文化传统和风俗习惯，民族健身操的创编源于各少数民族的生产、生活，体现了丰富的民族韵味。民族健身操在动作的编排上、音乐的选用上、服装的设计上，都深刻地反映着这些民族的民俗风情、生活情趣，展现了民族健身操极强的民族性和观赏性。民族健身操普及到社会上，既得到了优秀体育文化的传承，又满足了广大人民群众对少数民族传统体育项目的神秘感、新鲜感和好奇心，实现了民族体育文化与大众健身锻炼的双赢。

五、增进健康美

健康是一种身体上、精神上、心理上和社会适应能力上的完好状态。健康美是一种积极的健康观念和现代意识。已有的研究表明，健康美是机体最有效发挥功能的状态。一个具有健康美的人除了自我感觉良好，可轻松应付日常工作外，还有充沛的精力参加各种社交、娱乐及休闲运动。一个具有健康美的人，应该具备良好的心肺功能及速度、力量、平衡、灵敏和柔韧等身体素质。心肺功能的增强使心脏与循环系统有效运作，将机体所需的营养物质、氧气及生物活性物质运送到肌肉和各组织器官，并把代谢产物运走，在有机体的生命活动中发挥着重要作用；肌肉力量的发展不仅塑造强健的体魄，亦具有强大的活动能力；身体柔韧性和灵敏性的发展可增大肌肉与关节的活动能力；减缓肌肉与附着组织的退化和衰老过程，使身体动作机敏、灵活，富有朝气。

民族健身健美操运动作为一项有氧运动，对其健身功效人们已基本达成共识。研究表明，有氧运动最能增强人体的心肺功能，而民族健身操不仅具有有氧运动的功效，且兼备发展身体柔韧性和灵敏性的作用。因此，专家认为民族健身操运动和大众健身健美操运动是目前全面发展身体素质较为理想的运动项目。

六、塑造形体美

形体分为姿态和体型。姿态即从人们平时的一举一动中表现出来的行为习惯，受后天因素的影响较大；而体型则是我们身体的外形。虽然，体育锻炼可适当改善体型外貌，但相对来说遗传因素起着决定性的作用。良好的身体姿势是形成一个人气质、风度的重要因素。民族健身操练习的动作要求与人们日常生活中的姿势要求基本一致。因此，通过长期的民族健身操练习可改善不良的姿态，给人以朝气蓬勃、健康向上的感觉。民族健身操运动还可以塑造健美的体型。通过民族健身操运动的练习可使骨骼粗壮，肌肉围度增大，从而弥补先天的体型缺陷，使人变得匀称、健美；另外，民族健身操练习还可消除体内多余的脂肪，维持人体吸收与消耗的平衡，降低体重，保持健美的体型。

七、审美功能

民族健身操可以带给人们精神的愉悦和享受，具有现代美感的健美操与自然和谐统一的民族体育文化相结合才是最有生命力和审美意味的文化财富。如：拉祜族的"芦笙舞"风格优美、矫健，格调抒情，极富表现力。芦笙舞动作的主要形式有走步、踏步、蹲步、绕脚和身段的俯仰、摆转等，节奏有张有弛，动作幅度时大时小，表演手法时而逼真细腻，时而夸张洒脱，呈现一种集粗犷深沉、自然奔放、灵活柔美于一身的艺术风格。傣族的健身操则蕴含着柔美，而藏族的健身操则洋溢着豪情等。

八、缓解精神压力，娱乐身心

随着时代的发展和社会的进步，人们在享受科学技术带来的舒适生活和各种便利的同时，也受到了来自方方面面的精神压力。研究证明，长期的精神压力不仅会引起各种心理疾病，而且许多躯体疾病也与精神压力有关，如高血压、心脏病、癌症等。民族健身操作为一项新型的体育运动，其动作优美、协调，有节奏强烈的音乐伴奏，可以全面锻炼身体，是缓解精神压力的一剂良方。在轻松、优美的民族健身操锻炼中，练习者的注意力从烦恼的事情上转移开，忘掉失意与压抑，尽情享受民族健身操运动带来的欢乐，得到内心的安宁，从而缓解了精神压力，使人具有更强的活力和达到最佳的心态。

另外，民族健身操运动的锻炼增强了人们的社会交往能力。目前，人们参加民族健身操锻炼的方式都是在学校、社区、健身房等在教师的带领和指导下进行集体练习，而参与民族健身操锻炼的人来自社会各阶层。因此，各种民族健身操锻炼方式扩大了人们的社会交往面，把人们从工作和家庭的单一环境中解脱出来，接触和认识更多的人，眼界也更开阔，从而为生活开辟了另一个天地。大家一起跳、一起锻炼，共同欢乐、互相鼓励，有些人因此成为朋友。民族健身操锻炼不仅能强身健体，同时还具有娱乐功能和社会功能，可使人在锻炼中得到一种精神享受，满足人们的心理需要。

第二章

云南少数民族健身操的文化特性

第一节　云南省概况

一、地理位置

云南省简称滇，其辖 16 个地、州、市，其中 8 个民族自治州，5 个直辖市，3 个地区。共有县级行政单位 128 个，其中 29 个民族自治县。地处中国西南边陲，地域辽阔，地形极为复杂、多样。东部与贵州省、广西壮族自治区为邻，南部同老挝、越南毗连，西部同缅甸接壤，北部同四川省相连，西北隅紧倚西藏藏族自治区。从整个位置看，北依广袤的亚洲大陆，南连位于辽阔的太平洋和印度洋的东南亚半岛。全省东西最大横距864.9千米，南北最大纵距900千米，总面积39.4万平方千米，占全国陆地总面积的4.1%，居全国第8位。云南省与邻国的边界线总长为4 060千米，其自古就是中国连接东南亚各国的陆路通道。

二、地势地貌

云南省地处高原山区，地形连绵起伏，平均海拔2 000米左右。全省整个地势从西北向东南倾斜，江河顺着地势，成扇形分别向东、东南、南流去。全省海拔相差很大，最高点为滇藏交界的德饮县怒山山脉梅里雪山的主峰卡格博峰，海拔6 740米；最低点在与越南交界的河口县境内南溪河与元江汇合处，海拔仅为76.4米，两地高低差达6 000多米。全省土地面积，按地形看，山地占84%，高原、丘陵约占10%，坝子（盆地、河谷）仅占6%。

第二节　云南省少数民族简介

云南省是我国少数民族最多的省份，全国56个民族中（汉族、彝族、哈尼族、白族、傣族、壮族、苗族、回族、傈僳族、拉祜族、纳西族、蒙古族、藏族、佤族、维吾尔族、布依族、景颇族、布朗族、阿昌族、普米族、德昂族、怒族、独龙族、基诺族、满族、侗族、瑶族、水族、朝鲜族、土家族、哈萨克族、黎族、畲族、高山族、东乡族、柯尔克孜族、土族、达斡尔族、仫佬族、羌族、撒拉族、毛南族、仡佬族、锡伯族、塔吉克族、乌兹别克族、俄罗斯族、鄂温克族、保安族、裕固族、京族、塔塔尔族、鄂伦春族、赫哲族、门巴族、珞巴族），云南就有52个，云南只是没有裕固族、东乡族、珞巴族、赫哲族。其中人口在5 000人以上的世居少数民族有25个：彝族、哈尼族、白族、傣族、壮族、苗族、回族、傈僳族、拉祜族、佤族、纳西族、瑶族、景颇族、藏族、布朗族、布依族、阿昌族、普米族、蒙古族、怒族、基诺族、德昂族、水族、满族、独龙族。其中怒族、布朗族、基诺族、普米族、独龙族、阿昌族、德昂族、景颇族属于人口较少的少数民族群。在25个少数民族中人口最多的是彝族，有502.8万人；人口最少的是独龙族，总人数为6 355人。各少数民族人口为1 533.7万人，占全省总人口的33.37%。

第三节　云南省民俗文化简介

多民族铸就了云南省丰富多彩的民族文化和多姿多彩的云南民俗。在云南，从年初到年尾都在进行着各种各样的民族节日和独特的民族礼仪，构成了云南文化中最为靓丽的风景线。其中民族节日最为丰富多彩，有的民族有许多节日，还有的节日是很多民族所共有的，其节日大致分为宗教祭祀性节日、生产活动性节日、纪念庆祝性节日、社交娱乐性节日。较著名的节日有：彝族的火把节、白族的三月节、傣族的泼水节、纳西族的三朵节、景颇族的目脑纵歌节、傈僳族的刀杆节等。构成云南民俗众多的原因是各民族的生活方式和民族文化的差异以及其各自的生活观念、地理差异不同造成的。例如，白族的"绕三灵"，又叫"绕三林"，所谓的"三灵"指的是三个佛寺，即佛都（崇圣寺）、神都（圣源寺）、仙都（金奎寺）。绕三灵的由来有很多不同的说法。最早是古代农历四月二十三日至二十五日都会在大理举行，活动的时候，洱海周围白族群众穿红戴绿聚成队来参加活动，有的挂一彩绸，由宗教祭祀的一种仪式后来逐渐演变为白族传统民族盛会，每年农历四月二十三日有的拿着葫芦，有的手执蚊帚，有的拿着扇子、毛巾，一个人主唱，一个人打拍，后边跟随一群男女，唱着调子，打霸王鞭，弹着三弦琴和月琴，载歌载舞，由苍山东麓至庆洞、喜洲、金河。沿路逛三都，即是"绕三灵"。

第四节　云南省少数民族舞蹈简介

　　民族舞蹈作为反映民族精神文化生活的重要标志之一，是民族文化中不可或缺的一部分。从广义上讲，中国有56个民族，56个民族是56朵绚丽的花，每朵花都绽放着独特的光彩，每朵花都有自己盛开的方式。每个民族都有自己的古代舞蹈、宫廷舞蹈和其他的舞蹈形式。这种在自己民族中流传和发展的舞蹈就是民族舞蹈。从狭义上讲，一个民族特有的或专有的舞蹈形式就是民族舞蹈。民族舞蹈源自于各民族不同环境、生活及风俗，是人们生活中的肢体动作语言，以日常活动抽象化为表现形式与各民族的特色音乐、服装相互的搭配，表现形式十分丰富。民族舞蹈可以反映一个民族的生活习俗、人文秉性和民族特质。

　　云南省有丰富的文化资源，有悠久的历史。云南的民族风情、民族文化艺术资源厚重而朴素，仅仅民族歌曲就有2万多首，有1 095种民族舞蹈，6 718个舞蹈套路。云南民族舞蹈不仅历史悠久，而且形式多样，种类繁多，每个民族都有自己独具特色的舞蹈。甚至如果一个民族因居住分散，各聚居区的舞蹈也具有鲜明的地方特色和不同的类别。在这块美丽的高原红土地上，在四季如春的滇池畔，在阿诗玛的故乡石林，在终年积雪的苍山下、蝴蝶泉边，在椰林婆娑、竹楼幢幢的西双版纳……多少青年通过舞蹈心心相印而结为终身伴侣，多少愤怒忧伤、愿望理想通过舞蹈倾诉、颂扬，多少生产知识、生活知识通过舞蹈一代代传授下来……由于云南省民族众多，分布又呈交错状态，所以民族舞蹈传统中有一个显著的特点，即舞蹈的发展与民族史具有密切的关系，各民族的互相依存使舞蹈的形式与特点既有地区性，又有民族性。云南少数民族歌舞以其浓郁的艺术风格和淳朴高雅的艺术品味深受大众的喜爱。如彝族、傣族、佤族、景颇族的舞蹈等都是具有独特的艺术魅力的舞蹈。总而言之，云南省各民族的舞蹈绝大部分表现的是劳动人民的生活及他们淳朴的感情和美好的愿望，反映了他们战胜邪恶、追求美好未来的理想。当然也有一些宗教迷信色彩较为浓厚的舞蹈。但是前进与向上构成了云南省民族舞蹈的主流，体现了云南省各族人民积极向上，追求美、创造和谐的意识。它将在我们建设社会主义精神文明之时，弘扬民族文化的今天，显示出更强的生命力。

第五节　云南省民族健身操的起源与演进

　　我国是历史悠久的多民族国家，各民族文化源远流长，博大精深，是各民族历史、社会、政治、经济生活和地理环境的特点在意识形态中的反映，是各民族智慧的结晶，凝聚着各民族的情感、意志和追求，体现民族精神，是各民族的标志，对维护和加强民族联系具有重要的作用。因地理环境、宗教信仰、风俗习惯和生活方式的不同，各民族创造了许多丰富多彩的具有浓厚民族风格和独具地方特色的民族传统体育。民族传统体育是我国民族文化的重要组成部分。其产生和发展与各民族的生产、生活、军事、宗教等活动息息相关，并伴随着社会的发展逐渐形成的以健身、娱乐为主要目的的一种特殊体育文化活动。作为民族文化艺术表现形式，其充分展现了各民族的独特魅力，有着极大的审美价值和艺术价值。民族健身操是在新的社会历史发展过程中产生的一种新兴的体育健身项目，是时代赋予民族体育文化发展的新型产物，有独立的评分规则和评分方法。它把广受人们喜爱的民族舞蹈与健身操动作合二为一，不仅继承了民族舞蹈的优秀元素，也开拓了民族舞蹈的现代性，让民族文化和体育健身融为一体。民族健身操结合了现代体育健美操的编排原则和手段及运动套路等，但保留着民族舞蹈元素和民族素材的精髓。它不等同于一般的健美操，因为它的根源是民族性，除了具备健美操的一般特性外，在服装、动作编排、音乐选配等方面都要求在民族特色的基础上进行创编；它也不等同于民族舞蹈，因为民族健身操的主要目的是为了健身、娱乐和文化的传承，而不是纯艺术的表现形式。所以民族健身操属于民族传统体育的范畴，是我国少数民族传统体育衍生项目之一。云南省少数民族健身操分别以彝族、白族、傣族、藏族、佤族、哈尼族、景颇族、拉祜族等民族的生产生活为蓝本，加入了大量的体育元素、部分舞蹈元素和民族素材。在音乐的编排上，鲜明的民族特色和时尚动感的节奏也得到了很好的体现，具有民族性、体育性、观赏性的特点。它们是在人们的劳动生活中形成和发展起来的，有着广泛的群众基础，其内容丰富，风格迥异，技术要求不高，运动强度易于控制，自娱自乐，并以消遣性和游戏性的活动方式进行，迎合了人们的喜好，使人们在体育活动中情感得到了淋漓尽致的抒发，既锻炼了身体，又陶冶了情操。

  云南的民族健身操研究是从1998年开始的，早在1999年全国第六届少数民族传统体育运动会上白族的"海斯弋"健身操就获得了金奖。2003年开始我们系统地对少数民族民间民俗舞蹈进行田野调查、整理收集，并对收集整理后的少数民族民间民俗舞蹈进行二次创编，探索性地创编出科学性、时代性、健身性、观赏性为一体的云南少数民族健身操6套，并在云南电视台播放，效果不错。同年，在宁夏举办的全国第七届少数民族传统体育运动会上佤族的"佤勐格"、白族的"鞭鼓操"再次获得金奖。2005年创编的佤族健身操在广州举办的全国首届民族健身操比赛中获得金奖。2007年由云南省体育局策划，云南省群众体育指导中心负责实施，由我为课题组负责人再次创编了15套民族健身操，分别在2008年和2009年两次举办全省培训班，在2009年和2010年的8月8日全民健身日举行展演比赛，并作为全民健身项目向国家体育总局推荐。2007年在广州举办的全国第八届少数民族传统体育运动会上佤族的"歌络"、彝族的"跳弦"再次获得金奖。这些竞赛活动所取得的优异成绩，有力地推动了云南少数民族健身操运动的发展。

第三章

民族健身操的教学与训练

第一节　民族健身操的教学任务

一、掌握与运用知识、技术、技能

民族健身操教学是教师有计划地传授和学生逐渐掌握民族健身操的知识、技术、技能，并加以运用的过程。由于现代科学技术的飞速发展，知识的不断更新，学科的交叉渗透，给体育教学提出更新、更高的要求。民族健身操教学不仅要求学生掌握民族健身操的基本知识、基本技术、基本技能，还要将与之有关的内容引入教学，使学生学会在实践中灵活运用。

二、全面发展身体素质

身体素质是指学生在体育运动中，各器官、系统表现出来的各种能力，包括速度、力量、耐力、协调性、柔韧性等方面。身体素质是所有运动能力的基础。在完成民族健身操动作的过程中须表现出柔韧、协调、灵敏、力量、速度，使完成的动作具有一定的幅度，并能协调地完成民族健身操各种难度动作。因此，全面发展身体素质是民族健身操教学的重要任务之一。

三、完善体型，塑造正确的姿态

体型健美，姿态端正、优美，既是身体发育的要求，也是美育的要求。完美的身体形态在某种程度上反映了机体功能的完善，而姿态的端正、优美更使形态美在活动的状态中

展现出来。它从外部特征证实了人的生命力，也由此表现出美学的价值。

四、进行审美教育

审美教育是指使受教育者形成科学的审美观念，较强的美感和创造美的能力的教育过程。民族健身操教学具有进行美育教育的广阔空间。因此，应充分利用这一有利条件，培养学生正确的审美观念，健康的审美情趣和较强的审美能力。通过审美教育，不仅可以提高学生的民族知识、审美修养、促进身心健康发展，而且能反过来使学生以审美的情趣和审美观念指导民族健身操学习。

五、培养能力

能力是构成素质的重要方面，它是一种无形的、促使人不断发展的潜在品质。现代体育教育早已不只是单纯传授体育知识、技术、技能，培养学生的能力已成为体育教育的重要目标之一。

第二节 民族健身操的教学特点

一、针对性与实效性相结合

民族健身操教学内容、教学形式、编排方式不受规则、时间、场地、人数、难度等方面的限制。因此，须在教学中根据教学对象来确定练习的目的、内容和方法。

学校开设民族健身操教学课是以学生为教学对象，以全面锻炼身体为目的，使学生在一种集体欢乐的气氛中获得民族知识，达成健身、健美、健心的整体效应。

工厂、企业开展民族健身操活动，教学对象以职工为主体，教学目的应该是消除疲劳，引导职工进行积极休息，从而提高身体素质和工作效率。

社会性民族健身操活动，教学对象主要是中、青年女性。练习者大多欲通过锻炼增强体质、增加活力，形成良好的体形体态，培养优雅的气质风度等。

因此，针对性、实效性是民族健身操教学的主要特点之一。

二、注重身体全面锻炼

民族健身操坚持全面锻炼身体的原则，根据人体解剖学特征，选择上肢、下肢、头颈和躯干各部位有助于增强肌肉力量、关节的灵活性、身体的柔韧性等各种不同的方向、幅度、频率、节奏的动作，并选择一些能加深呼吸、增强心血管系统功能的跳跃动作，使内脏器官系统得到充分的锻炼，达到身体的全面锻炼，以增强体质。

三、强调对身体的健康意识教育

"生命在于运动"的教育是民族健身操教学的重点。通过锻炼，健身不仅能学会动作，掌握套路，塑造健康美丽的身体，而且还能从锻炼中培养战胜困难、坚韧不拔的精神，获得健康美、形体美的，并在对动作美、姿态美、形体美、气质美的追求中提高对美的鉴赏能力和对体育精神的充分认识。

四、提高艺术修养

民族健身操是建立在高度艺术性的优美的基础上。它是在民族舞蹈、民族音乐、民族服饰、民族美术、杂技、民族武术等结合的基础上提炼的精华，是自然美和社会美的统一，因而每一个动作、造型、队形都具有艺术的内涵和价值。教师在教学中从民族性、音乐、动作等多角度启发锻炼者抒发情感，在动作中表现自我，并从优美的动作和音乐中感受民族自豪感，注重形体美、姿态美。

第三节　民族健身操的教学方法

除了常规体育教学方法，如语言法、直观法、练习法、分解法、重复法、示范法、简化法、正误对比法之外，还有一些不同的方法。笔者根据多年的实践经验总结如下，这些教学方法是根据民族健身操本身的特点而常被采用的。

一、讲解法

教师运用语言向学生说明教学任务、动作名称、作用、要领、做法及要求等，以指导学生掌握民族健身操的基本知识、技术、技能，进行练习的方法。这是民族健身操教学中运用语言进行教学的一种主要形式。采用此教学法时应注意以下几点。

1. 讲解要有目的性　所讲解的内容要围绕教学任务、内容、要求以及教学过程中学生存在的问题等情况有针对性地进行讲解。

2. 讲解要正确　教师所讲解的内容是科学的、准确的，言之有理，实事求是，并使用统一规范的专业术语。

3. 讲解要简洁易懂　应简明扼要，通俗易懂，力求少而精，尽可能使用术语和口诀。

4. 注意讲解的时机和效果　民族健身操教学的讲解可以在示范后进行，也可以边做边讲。讲解时要根据学生已有的知识经验来确定讲解内容的深度和广度，以便使学生更好地理解和掌握。

5. 讲解的顺序要合理　一般先讲解下肢动作，再讲解上肢动作，最后讲解躯干和头颈、手眼的配合。

6. 讲解要有启发性　在教学中力求用生动形象的语言引起学生的兴趣，启发学生的积极思维，使学生听、看、想、练有机地结合起来。如：用"水与火"来比喻傣族与彝族的民族性格和动律，让学生去联想、体会，用火的热情去表现彝族的粗犷、彪悍的民族性格的动作；用水的柔美来表现傣族的婀娜、柔中带刚的动作风格。

7. 讲解要有艺术性　讲解必须用普通话。口齿清晰、层次分明，表达生动形象，有趣味性，有感染力。同时，恰当的感情和声调都能使语言产生巨大的艺术效果。

8. 讲解要有节奏和鼓舞性　讲解的语言节奏是指语言应有利于激发学生练习的积极性。

二、示范法

示范法是指教师以自身完成的动作作为教学的示范动作，用以指导学生进行练习的方法。此种方法可以使学生了解所要学习动作的具体动作形象、结构、要领和方法。

采用此教学法时应注意以下几点：

1. 示范动作应规范　教师的示范动作力求准确、熟练、轻松和优美，富有民族特点，给学生留下深刻的印象，使学生看完示范动作后产生跃跃欲试的感觉。因此，教师要不断提高示范动作的质量。

2. 示范要有明确的目的　教师的示范要根据教学任务、步骤以及学生的水平确定。例如，教授新教材时为了使学生建立完整的动作概念，一般可先做一次完整的示范动作，然后结合教学要求，做重点示范动作、慢速和常速示范动作。

3. 示范动作要有利于学生的观察　在进行示范动作时，要注意选择合适的示范面（镜面、侧面、背面等）、示范速度，以及便于学生观察示范动作的距离和角度。

4. 示范动作与讲解相结合　在民族健身操教学中，只有把示范动作与讲解紧密结合起来，才能取得最佳的教学效果。

三、提示法

提示法是教师以提示的方式指导学生进行练习的一种方法。这种提示可以是语言的，也可以是非语言的。

1. 语言提示　教师用简洁的语言或口令提示学生所要完成的动作名称、时间、数量、方向和质量的要求等。采用此教法时应注意以下几点：

（1）需要准确、恰当、简单的语言或口令来提示动作要领，并且要声音洪亮，发音准确，音调恰当。

（2）提示的语言或口令要配合音乐的节奏，教师可边数节拍边提示动作。例如，提示身体姿态时，可喊"1、2、3、4两臂伸直"；提示动作方向时，可喊"向左3、4，向右7、8"；提示动作速度时，可喊"5、6加快"；要求连续再做时，可喊"7、8再做"等。

（3）提示动作重复的次数和改变动作时，一般采用倒数法进行提示。提示时应有一定的提前量。例如，"4、3、2并退"，"4、3、2向前走"等。

（4）教师应用良性和富有情感的语言进行提示，以对学生产生激励作用。

2. 非语言提示　是指教师用肢体语言、面部表情、视线接触等方法提示学生完成动作的方法。采用此教法时应注意以下几点：

（1）利用肢体语言进行提示时必须使学生明确肢体语言的含义。因此，最好预先向学生讲明上课采用的几种肢体语言动作。

（2）在使用肢体语言时，可以配合语言提示。例如，手臂在做大幅度的向上伸展时，可以配合"臂伸直"的语言提示，使所提示的内容变得更加明确。

（3）在用肢体动作进行提示时，力求使动作做得准确、规范，在必要时可将动作进行夸张。例如，"腿抬高"、"大步走"等。

（4）用手势进行提示时，应根据需要提前2拍或4拍做出，掌握好提示时机，并且要使每一位学生都能清楚地看到教师所做的手势。教师示范的手势要相对固定，既可采用大家公认的手势动作，也可形成自己独特的风格。

（5）教师要善于应用面部表情和眼神的变化来激励学生，如微笑、对视和点头等。

四、带领法

带领法是指学生在教师带领下，连续完成单个动作、组合动作、成套动作练习的一种方法。此种方法能使学生在较短的时间内建立正确的动作概念，掌握动作间的连接及音乐节奏感，在民族健身操教学中带领法被普遍采用。采用此教法时应注意以下几点：

（1）根据动作需要正确选择带领的示范面。通常在身体前后行进、转体变化及动作较复杂时，采用背面示范带领。身体有左右方向变化动作，根据观察动作的需要，选择镜面或背面示范带领。

（2）大部分时间都采用镜面示范，以利于教师观察学生动作的情况，便于与学生沟通。

（3）教师在带领学生做动作时，可将背面示范同镜面示范结合起来运用，在转换示范面后，教师示范的方向，应跟学生的动作方向保持一致。

（4）在完成复杂动作时，可慢速带领，待学生熟练掌握之后，恢复正常速度带领；在完成上、下肢动作时，可先反复带领做步法，在此基础上将手臂动作添加进来，形成一个完整的动作。

（5）教师在带领学生练习时，除示范动作做得一丝不苟外，还要与手势、口令、语言等提示方法紧密结合，使学生做到眼看、耳听、心想、体动，从而达到最佳的教学效果。

例如，在讲授傣族健身操的基本步法时，脚步、身体重心的升降、屈膝发力、摆荡时身体控制、出脚的方向、路线、身体姿态等，教师一定要逐步讲述使学生通过眼看、耳听、心想、练习体会正确的动作。在进行带领练习过程中，使大多数学生能较熟练地完成某个动作，发现错误动作要及时纠正。带领法适合于某一单元或小节动作的教学。

五、分解法与完整法

分解法是指把结构比较复杂的动作或组合动作按身体环节合理地分解成几个局部动作分别进行教学，最后使学生全部掌握动作的方法。完整法是指从动作的开始到结束，不分部分和段落，完整地进行教学的方法。此方法不破坏动作结构的完整性，不割裂动作各部分或动作之间的内在联系，可使学生建立完整的动作概念，迅速地掌握动作。采用此两种教法时应注意以下几点：

（1）学习结构比较简单的动作，宜采用完整法进行教学。

（2）学习结构较为复杂的动作，可采用慢速完整练习方法，即放慢动作的过程，每一个姿势停几拍，以加强学生对动作的运动轨迹、动作各环节变化的理解，提高学生正确完成动作的本体感觉，待学生建立正确的动作概念后，再按正常的速度进行完整练习。

（3）对于要求协调性较高的动作，往往按身体各部分预先把它分解成几个局部的动作，分别进行教学，待学生基本掌握了分解动作之后，再进行完整动作的教学。例如，学习佤族健身操时把佤族健身操的动作分解成上、下肢动作，头部动作等，先分别进行练习，然后再上肢、下肢、头部等配合进行完整练习。

（4）运用分解法是为了完整地掌握动作。因此，分解教学时间不宜过长。

六、重复法

重复法是指不改变动作结构，按照动作要领进行反复练习的方法。民族健身操的教学可重复单个动作，也可重复组合动作和成套的动作。这种方法既有利于学生在反复练习中掌握和巩固动作技术，又有利于指导和帮助学生改进动作技术，并对锻炼身体、发展体能等有较好的作用。采用此教法时应注意以下几点：

（1）要防止错误动作的重复。教学中，一旦发现有错误的动作出现，教师应立即给予纠正，以防止形成错误的动作定型。

（2）在动作初学阶段采用重复法时，应避免负荷过大及疲劳的过早出现，以免影响掌握动作及改进动作。

（3）练习时要合理安排重复次数。重复的次数既能保证学生在每一次的练习中都能达到动作的要求，不降低练习质量，又能适合学生的负荷能力。重复次数少，达不到锻炼的效果，也不容易掌握和巩固动作。重复次数太多，容易造成动作变形，会使学生失去练习的兴趣。

七、欣赏法

欣赏法是指通过欣赏活动，使学生在认识所学事物的价值后产生积极的情感反应，培养学生正确的态度和理想的教学法。在民族健身操教学中，欣赏的内容主要有两类：一是"形"的欣赏，如学生对各种优美姿态和动作的表现、集体表演中的队形变换形式、各民族舞蹈动作的特点及音乐的风格；二是"入神"（心领神会）的欣赏，如动作的难度、速度的快慢和力量的强弱等。

八、意念教学法

人的意念是人脑中的一种思维现象，是人体神经传导的特殊反映形式。民族健身操教学要讲究艺术，它要求教师启发性地将自己的经历或感觉过的所掌握的知识，如对民族舞蹈动作的领会、民族文化本身的理解、内心活动和情感需要等，讲授给学生，从而调动学生对动作的想象，提高学习的积极性。

九、电化教学法

电化教学法是指通过让学生观看国内、省内民族运动会、锦标赛的比赛录像等影像资料，有针对性地进行教学。若条件许可，可利用摄像机将教学课、训练课教学过程分阶段摄录，便于检查教学效果，使学生自己看到自己的表现，从而纠正错误，达到教学目的。看录像可以激发学生学习的热情，使其跃跃欲试。但是为了提高接受信息感觉的准确程度，要使学生知道看什么，怎么看，为什么看？带着问题有目的地去看。

总之，上述几种教学方法都有各自的特点和功能，但它们彼此之间是有联系的。在民族健身操教学中，应根据任务的需要，灵活地相辅相成地运用各种方法，使每一种方法的运用都成为整个教学过程中有机的一环。

第四节　民族健身操的运动训练

民族健身操的运动训练是指为培养民族健身操运动员所进行的有计划的专门教育过程。目的是在教练员的指导下，全面提高民族健身操运动员的身体素质、竞技能力和表演技能，进而提高其竞赛的成绩和表演的技巧与观赏性。

一、民族健身操运动的训练原则

训练原则是指依据运动训练活动的客观规律确定的组织运动训练所必须遵循的基本准则，是运动训练活动客观规律的反映，对运动训练实践具有普遍的指导意义。民族健身操运动训练原则就是指在民族健身操运动训练的实践活动过程中必须遵循的基本准则。

1. 任务需要原则　是指根据训练的任务和所要达到的目标从具体情况出发，科学地安排训练的阶段划分和训练的内容、方法、手段、负荷等因素的训练原则。民族健身操内容丰富、形式多样，根据不同类型民族健身操所要达到的主要目的和侧重完成的任务，可将民族健身操分为推广类、表演类、竞赛类。推广类民族健身操以健身为目的；表演类民族健身操以展示与观赏为目的；竞技类民族健身操以竞赛为目的，这就决定了民族健身操训练的目标任务是不尽相同的。因此，教师在组织民族健身操训练时，要贯彻任务需要原则，紧紧围绕民族健身操训练所承担的任务和将要实现的目标，安排好训练计划，选择好训练内容，实施好训练方法，控制好训练负荷。

2. 适宜负荷原则　是指根据学生的现实可能和人体功能的训练适应规律，以及提高学生竞技能力的需要，在训练中给予相应的负荷量，以取得理想训练效果的训练原则。学生在承受一定的运动负荷后，必然会产生相应的训练效应。但并非是施加了运动负荷，就一定会产生良好的训练效应。负荷过小，将不能引起机体必要的应激反应；过度负荷，则会出现裂变反应。人体只对适应的运动负荷量产生适应，过大过小都不好。因此，在民族健身操训练中，要贯彻适宜负荷量原则，控制好学生负荷量，合理安排运动负荷，渐进式地增加运动的量和强度；同时，应处理好运动负荷量与恢复的关系，并加强医务监督。

3. 区别对待原则　是指针对不同的学生、不同的训练状态、不同的训练任务、不同的训练条件、不同的训练阶段有所区别地组织、安排相应的训练过程，选择相应的训练内容，给予相应训练负荷的训练原则。进行民族健身操训练的学生个人的特点具有多样性，个体差异很大。因此，要想取得理想的训练效果，就必须贯彻区别对待原则，针对不同学生在训练中的个体差异、不断变化的训练环境条件和训练内容，认真处理好民族健身操训练过程中共性和个性之间的关系。特别是展示个人难度与集体难度的关系，准确及时地掌握学生的具体情况，实施区别对待，选择好训练方法和手段有针对性地组织运动训练。

4. 内外兼顾原则　是指在训练中，不仅注重学生外形、动作的表现，而且注重内在气质的培养，达到形神兼备、内外统一的训练原则。民族健身操作为民族传统体育项目，具有非常丰富的民俗文化内涵，尤其是作为表演和竞赛形式出现的民族健身操更是蕴含着深厚的民族艺术特质。因此，在民族健身操训练中，要贯彻内外兼顾原则，注重学生外在的

"形"与内在的"神"相互结合。这要求民族健身操教师在平时的训练中，一方面要注重一般的身体素质训练，为学生的专项训练打下坚实的基础；另一方面应加强学生的专项训练，突出展现民族健身操的风格特色和文化内涵。

二、民族健身操运动的专项训练

1. 柔韧性训练　柔韧性是指人体各关节活动幅度的大小和肌肉、韧带的伸展能力。它是参与民族健身操学习的重要素质之一，直接影响完成动作的质量和对高难度技术的掌握情况。良好的柔韧性有利于动作到位，并减少学生损伤的发生。发展柔韧性的训练有两种，即动力拉伸和静力拉伸。在使用这两种拉伸方法的过程中，都有主动拉伸和被动拉伸两种不同的训练方式。在民族健身操训练中，一般将这几种拉伸方法结合起来使用，主要发展肩、腰、胸部的柔韧性及腿部的前、后、侧肌群的伸展性和髋、踝关节的灵活性，需经常采取前、侧、后等不同方向的压、扳、控、踢等方式进行训练。

2. 灵敏度和协调性训练　灵敏度和协调性是指在各种复杂变化条件下，学生迅速、合理、敏捷、协调地完成各种技术动作的能力。它是人体的运动技能和各种身体素质在运动过程中的综合表现。该项训练有助于提高学生反应、协调、变换方向的速度，使其能更快、更准确、更有效地掌握各种复杂的运动技术，充分发挥机体的速度、力量和耐力，促进运动成绩的提高。

第四章

民族健身操的创编

民族健身操创编是民族健身操教学中培养学生综合能力的一个重要组成部分，体现的不是量的积累，而是质的飞跃。民族健身操的创编是依照民族健身操的特点、规律，根据目的、任务、原则将单个动作，按一定的要求，包括时间、场地、队形，合理地连贯起来，组成一套动作。民族健身操的编排无论在民族健身操教学，还是在训练和比赛中都占有十分重要的地位。

在民族健身操教学中，当学生掌握了单个动作后，就要进行组合动作的练习，这需要精心的编排动作。通过教学动作的编排，可以进一步提高学生的学习兴趣和积极性，发展学生的协调性和节奏感，以及巩固已经学会的单个动作。

一套动作的编排不是简单的单个动作的罗列，而是动作间的有机联系、和谐配合及完整统一，是具有空间要素的立体艺术，是一项创造性的工作。为了进一步提高教学效果和比赛成绩，民族健身操教师和学生必须具备这方面的知识和能力，不断提高编排的技巧。

第一节 民族健身操的编排依据

1. 根据不同的目的、任务进行编排 由于目的、任务的不同，民族健身操动作结构的编排、设计和艺术加工处理上都有所不同。在以组合动作和成套动作进行教学编排时，主要目的是提高和巩固教学大纲规定的单个动作和联合动作的技术。所以，可依此为核心编排成综合性成套动作，使学生掌握基本技术或指定步法，发展学生的协调性、节奏感和表演能力。当以表演性成套动作为目的进行编排时，在编排中要注意表演效果，根据选择好的音乐，采用更丰富多变的舞蹈动作、静止造型、技巧性难度动作等，以增加表演的气氛和艺术性。在对竞技类民族健身操进行编排时，主要目的是参加比赛，取得好成绩，所以应根据音乐的节奏、不同民族、不同对象有的放矢地精心编排，充分发挥学生的特长及个性特征，扬长避短，以取得优异成绩。

2. 根据不同对象的特点进行编排　在编排一套动作时，应考虑到对象的年龄、身材、技术水平、素质条件和个性等特点，编排设计能充分发挥选手特长的动作，避其弱点。如对少年儿童，可选择较简单的动作和音乐速度稍慢的动作来进行编排；对于身材修长、柔韧性好、性格温和的选手可以编排一些动作幅度大、舒展类的动作；对速度力量较好的选手可编排一些高低起伏、动作强烈的动作。另外，在动作结构的选择上也应考虑不同对象的特点。

3. 根据全国发展趋势进行编排　为了取得好成绩，在对竞技类民族健身操进行编排时，必须适应全国民族健身操的发展趋势，跟上潮流。目前，从2011年结束的全国第九届少数民族传统体育运动会发展的趋势来看，编排民族健身操力求做到成套动作速度较快、较新，动作数量多，更加丰富多样，有独创性，艺术性强，表演更突出个人风格，民族特点更浓，如跟不上全国的发展趋势，则被认为是陈旧的编排，编排价值就大大降低了。

4. 根据体育美学的形式美法则进行编排　在编排成套动作时必须遵循形式美这一美学规律，如整齐、层次、和谐、对比、均衡、节奏、多样和统一等都是形式美的具体表现形式。只有遵循这一规律，才能充分体现出民族健身操的优美和艺术特征。在编排成套动作时，运用形式美的法则，对成套动作的难度分布、高潮的出现要有一个合理的布局和层次的发展，如通过对节奏快慢、刚柔力度、高低起伏和幅度大小等对比方法，进一步表现出每个动作的特色。总之，根据形式美法则来进行成套动作的编排是十分重要的。

第二节　民族健身操的创编原则

一、针对性

在进行民族健身操的创编时，首先应该了解练习者的具体情况。目的不同，创编的要求就不同。从事民族健身操练习者有男女老幼，他们的身体状况强弱有别；他们的锻炼条件在时间、场地、器材等方面各有不同；职业和爱好也千差万别。因此，创编任何一套民族健身操都要针对不同对象的生理、心理特点，在选择动作的难易程度、节奏、幅度及表现的风格等方面进行斟酌。

二、成套动作结构的合理性

成套民族健身操的结构可分为3个部分：准备部分、基本部分和结束部分。

1. 准备部分　又称热身运动。一般是先从远离心脏的部位开始，如各种民族特色的踏步动作、脊柱的伸展、加深呼吸等，要求动作柔和、速度缓慢，为完成整套动作做好身体和精神上的准备。

2. 基本部分　锻炼的主要部分。一般先从头颈或上肢动作开始，再进行肩、胸、腰、髋、下肢和多关节部位的全身动作与跳跃运动，使练习者能够从局部到全身得到锻炼。

3. 结束部分　主要以放松、拉伸为主。一般应选择一些幅度不大、速度缓慢、轻松自如的放松四肢和躯干的练习，使身体和脉搏尽快地恢复到正常状态。

三、动作的有序性和流畅性

有序性和流畅性是指活动部位的有序以及动作前后连接的流畅。如按解剖的部位由上至下或由下至上，由外向内或由内向外，从一种步伐过渡至另一种步伐，由局部到整体，由单一至综合、复杂。合乎规律的步伐是教学顺利进行的有利保证，同时也可以减少运动损伤的发生。为了有利于教学的顺利进行，在创编中可以有意识地分解复杂动作，并对动作进行分析。民族健身操的动作是由下肢步伐配以躯干的动作而形成的。在学习复杂动作时，可以把这个动作分解成若干单一动作，然后加以组合，如先做动作的原形，再在原形动作基础上加以变化等。

四、合理安排运动负荷

成套民族健身操的运动量安排必须符合人体运动的生理规律，即运动负荷由小到大、心率变化由低到高，波浪形地逐步上升，然后逐渐恢复到平静状态。因此编排动作也应由易到难，速度由慢到快，强度由弱到强，逐步增加运动负荷，达到和保持一定运动负荷后，再逐渐减小。如何确定个体运动负荷水平？当练习者的平均每分钟心率达到最高每分钟心率的60%～80%时为民族健身操指标区；平均每分钟心率达到最高每分钟心率的80%以上为强化训练区；平均每分钟心率在最高每分钟心率的60%以下为休闲活动区。

在民族健身操中常用公式为最高每分钟心率＝220－年龄。掌握简便易行的运动负荷测定方法有助于合理地安排运动负荷。

五、动作与音乐的统一性

音乐是民族健身操的灵魂，民族健身操的特点和风格是通过动作与音乐的协调配合表现出来的。因此，音乐的旋律和风格与动作的性质、节奏、风格以及练习者的情绪必须融为一体。动作和音乐旋律协调一致可以激发练习者的情绪，给练习者带来愉快和美的享受，延缓疲劳的出现，达到健身和陶冶情操的目的。

民族健身操的音乐选配一般有3种方法：

（1）先选乐曲，再按照音乐的节奏、特点、风格及锻炼来设计动作。

（2）先编好动作，再请专家根据成套动作的节奏、风格、速度、高低起伏、高潮部分配制谱写乐曲。

（3）先编好动作，再找现成的乐曲配合，并不断进行动作的修改和音乐的剪接，直到动作与乐曲和谐一致。

在民族健身操音乐选配时须注意：①练习者的性别特点。目前的民族健身操练习的主要对象是女性，因此在选配音乐时，要注意选择能激发女性在思想、情绪上引起共鸣的音乐。②练习者的年龄特征。各种年龄段的人群对音乐的理解、偏爱有所不同：年龄大的人喜爱传统的民族民间音乐；年轻人则偏爱加了时尚元素有节奏和韵律感的民族音乐等。③注意民族音乐的选择和音乐风格的多样化。风格各异的音乐可使枯燥的动作变得有趣、活泼，从而保持良好的锻炼效果；并注意在传统节日的表演或比赛中选择一些有节日特色的乐曲，烘托整套操的气氛。

第三节　民族健身操的创编步骤与记写方法

（1）明确编操的目的、任务和要求。创编者首先应根据练习者的特点确定练习的目的、任务，进而确定操的名称、要求、特点、形式，以全套操的时间、音乐节奏、动作难易程度、动作顺序、运动负荷的大小及对身体各部位的特殊要求。

（2）动作内容的选择与创编。创编者按照编操的方案、编操原则和动作设计要求，编选和设计民族健身操各节动作。各节动作设计的优劣直接影响全套操的质量。

（3）对设计出的动作反复实践、推敲，分析各单个动作对身体各部分的影响，从而对动作数量做适当的调整。

（4）编排和组织成套动作的顺序，统一各节操的基本姿势和连接方法。

（5）记写动作，要求是：①写出各节动作的节次、动作名称和重复次数。②绘制动作简图。简图应包括动作的开始姿势，每一节拍动作的主要姿势、路线和结束姿势。③记写动作说明：力求简明扼要，术语正确，记下每拍动作的做法和结束姿势，并注明呼吸方法。④记写注意事项。

（6）实践和修改。可选择具有代表性的对象进行实践，并进行调整、修改。

（7）定稿和教学推广。

第四节　民族健身操的创编要点

一、不同年龄阶段的民族健身操创编要点

（1）创编少年儿童民族健身操。要考虑到少年儿童生理、心理、行为特点进行创编。少年儿童的行为心理特点为好动、模仿力强、富于想象、喜欢游戏。因此，全套操的动作应力求自然活泼、造型美观、趣味性强、易于模仿。少年儿童的生理特点突出体现在：骨质疏松、富有弹性，肌纤维较细，肌力弱，耐久力差，易疲劳。因此，成套操要多选择一些有利于少年儿童身体素质均衡发展、有利于促进少年儿童身体发育，增进健康，增强体质的动作。

（2）创编青年民族健身操。针对青年人的生理和心理特点，选择一些以美为核心的，刚劲有力，节奏明快、强烈、快速多变、幅度大，富有时代气息的动作。

（3）创编中老年民族健身操。充分考虑到中老年人的生理和心理特点，紧紧围绕体疗、保健这个中心进行创编。整套动作应侧重于全面身体锻炼，使身体各部位关节和大小肌群都能得到锻炼。因此要选择一些较简单、优美、舒展的动作；多选择一些练习小关

节，如手腕、手指灵活性及力量的动作。为了有利于全面调节和促进身心健康，可以吸收一些其他元素的动作素材。

二、不同任务的民族健身操创编要点

民族健身操具体到某一套操所要完成的具体任务不同，动作的编排也就不同。创编者要有选择地进行动作设计，如创编以减少身体脂肪堆积为目的的民族健身操时，动作应以有氧练习为主，控制在至少1小时的练习量（据研究，人体内脂肪至少要在运动1小时后才开始被消耗）并达到一定的练习强度。

三、表演性的民族健身操创编要点

各级、各类的民族健身操比赛或表演是普及民族健身操运动，提高民族健身操水平的重要手段。在编排时除考虑其科学性和健身性外，还必须考虑到其应具有的艺术性。丰富多彩、新颖、独特的动作和各种不同的队形变化是构成比赛或表演民族健身操的两个基本要点。队形和动作编排得越合理、越巧妙，表演效果越好，观赏性就越强。

创编应根据表演者的人数来选择动作和队形。动作要连贯、新颖，高低、快慢、刚柔、难易等相结合。如果男女混合参加比赛或表演，动作创编应注意男性和女性的生理特点，并分别给予表现的机会。幅度小、速度慢且移动位置大的动作应尽量避免。动作之间、队形之间的连接和过渡应自然顺畅。队形变换应通过动作来实现。队形变化要巧妙合理，变化应有突然感和有一定程度新鲜感。

成套编排要合理，有开始，有高潮，有结束。一开始进场就应抓住观众的注意力，使观众感受到整套操的风格；高潮部分应在后半段形成，给观众留下深刻的印象;退场的动作要具有特色，使观众回味无穷。

第五章

民族健身操与音乐

音乐是民族健身操的灵魂。音乐使民族健身操成为有声有色、有情有形的艺术体育项目。音乐给民族健身操带来生机，使民族健身操更富有魅力。音乐能给人以启迪，陶冶美的情操，使人奋进、向上。

第一节 民族健身操音乐的特点和应用

一、民族健身操音乐的特点

民族健身操与舞蹈、艺术体操相比更强调动作的力度。因此，它的音乐节奏鲜明、强劲，旋律悦耳动听、热情奔放。民族健身操成套动作音乐的选择多取材于本民族音乐，在此基础上进行加工。注意与动作的风格统一，尽可能突出时代发展的特征，要求音乐的韵律感强，旋律悦耳动听，节奏鲜明，使民族健身操更体现出一种鲜明的现代韵律感。

成套民族健身操的音乐讲究韵律的变化要此起彼伏，节奏有强有弱，有快有慢，有抒情，有奔放。好的音乐能给人以感染，起到推波助澜、锦上添花的作用。

二、音乐在民族健身操中的作用

音乐是民族健身操的灵魂。民族健身操动作的力度、节奏、激情、表现力等都是在音乐背景衬托下产生的。旋律优美、节奏感强的音乐，有助于练习者牢固地记忆动作顺序和掌握动作；而欢快、热烈、富有节奏的音乐，能有效地激发练习者的积极性和热情，使练习者闻声自娱，做而入境，欲动不止。

音乐是表达思想感情的一种艺术。民族健身操的音乐是服务于民族健身操动作的功能性音乐，用音乐烘托民族健身操的气氛，表现民族健身操的特点。两者紧密结合，使民族健身操有声有色，增强了民族健身操的感染力。和谐优美、节奏感强的音乐能增强民族健身操的表演效果，使人得到健与美的享受。

优美动人的音乐可以提高练习者的乐感、美感及表现力，丰富练习者的想象力和创造力，从而达到增进健康、塑造优美体态、陶冶美的情操的目的。

第二节 民族健身操音乐的选配

对民族健身操的创编者来说，音乐的选择是创编的关键，成套动作的音乐选择恰当，就成功了一半，再加上富有表现力的动作，两者融为一体，可使成套动作大放光彩，充满激情。

一、根据音乐选择动作

音乐是民族健身操教学中的重要组成部分，起着语音的指挥作用和练习中的口令作用。对精心选择的乐曲，要分析音乐的结构特点。应根据音乐的风格特点、节奏和旋律来设计创编民族健身操的成套动作。动作的节奏必须与音乐的风格相一致，与节奏相统一。一般成套民族健身操动作的音乐应选择节奏感强、旋律优美、结构较完整、具有较强感染力且格调健康的有民族特色的音乐。

二、根据动作制作音乐

当选择的乐曲在时间、速度和风格等方面与动作不相符时，需将音乐重新处理或制作。

首先，是音乐的剪接。剪接的形式有两种：一种是同一首乐曲的剪接；另一种是两首或多首乐曲的剪接。无论是哪一种剪接都应注意剪接的部位要放在乐曲有停顿、空拍或乐曲的结尾处，这样可达到更好的效果。剪接前后乐曲的旋律要相同或相似，避免在节奏和旋律方面出现不自然衔接的现象。

第二，是音乐的速度。乐曲的调速有两种：一种是整首乐曲的调速；另一种是对部分乐曲进行调速。对部分乐曲进行调速在实践制作过程中比较困难。实践证明，乐曲由慢到快听起来很自然，但由快突然放慢就不自然了。在具体操作时，采用以下方法效果会好一些：将调速后的音乐放完之后稍加停顿（停4拍），再录制减速的音乐或在调速的音乐中剪接有特殊效果的乐曲，如海浪拍击、小鸟鸣叫、自然界一些自然的声响，但不宜过长，一般不宜超过8拍，不然会影响乐曲的完整性。

第三，是成套音乐的制作。为提高成套动作的效果，培养学生对民族健身操的表现能力，须制作成套动作的民族健身操音乐。根据成套动作的风格和每节动作的特点及特殊性进行设计。创编和制作成套动作音乐时，对一些特殊的动作可加一些音乐效果。结合动作特点在音乐中加一些特殊效果能有效地提高学生的表现力和练习的积极性，对培养美感意识等极为有益。制作音乐特殊效果的方法为：在已选择好的乐曲中加上特殊效果的音响，也就是将已选择好的乐曲输入电脑，然后和电脑中储存的特殊音响信息进行合成，而后所产生的音乐即是带有特殊效果的乐曲。此方法称作"Mid"制作。请专家谱写乐曲并进行

"Mid"制作已被越来越多的人所接受，也是今后的发展方向。一套具有科学性及锻炼价值的民族健身操，如果没有特殊的音乐进行伴奏，无论从艺术效果上讲，还是从锻炼效果上看，其功效都会减弱。反之，将会提高学生对民族健身操的兴趣和成套动作的记忆。

"Mid"音乐制作的过程是：①向"Mid"音乐制作专家介绍每套动作的风格和每节动作的特点及所需乐曲的类型。②介绍成套动作由几节组成和每节动作占几拍，以及预备拍是多少拍。③根据成套动作特点向专家提出在哪节哪拍上进行特殊效果处理。④在专家谱写好乐曲并制作完"Mid"后要同教师一起对成套乐曲及特殊效果乐曲进行检验，把不适合和没有较好表现此套民族健身操风格的地方加以修改和完善。

第三节　运用音乐时的注意事项

一、音乐的风格与动作的风格相一致

音乐的选择直接影响到民族健身操的风格、结构、速度和节奏，音乐选配的好则容易激发编排者的创作灵感和练习者的锻炼激情。因此，在选配民族健身操音乐时要注意音乐与民族健身操的风格相一致。竞赛类民族健身操应根据学生的特点选配哪些最有个性的音乐；而对于民族健身操的音乐选配，则应体现出民族风格，并向着突出时代的方向发展。

二、音乐应体现民族健身操的特点

选配音乐时要注意体现民族健身操健、力、美的特点，强调美与力的结合，音乐旋律要动听，力求新颖，富于变化，节奏鲜明、强劲、规整，速度适中。音乐应与动作性质一致，音乐衬托动作，动作表现音乐，使动作与音乐水乳交融。

三、根据年龄特点选择音乐

音乐的选择应符合练习者的自身条件（年龄、运动水平、体能等）。民族健身操与其他项目相比，音乐节奏鲜明，速度稍快。因此，在选择音乐时，应考虑练习者的年龄特点。一般来说，青年人应选择节奏强烈的、时代感突出的音乐，使动作快速、有力、活泼；对中老年人，则可以以轻巧、优美的音乐为主；而对于少年儿童应选用活泼、轻快、跳跃性、节奏性强的音乐。

四、音乐速度的选用

民族健身操的音乐速度通常是以10秒钟为单位作为设计动作速度的标准。民族健身操的音乐分为慢、中、快3个速度。一般慢速为每10秒钟16~20拍；中速为每10秒钟20~24拍；快速为每10秒钟24拍以上。为了表现竞赛类民族健身操的特点与风格，音乐速度要快些，即要求每10秒钟达到24拍以上（26~30拍）。这种音乐节奏具有强烈的感染力，能使学生在多姿多彩的跳跃中激发情绪，产生兴奋，发挥最大潜能。推广类民族健身操则以采用每10秒钟16~24拍的音乐为宜，充分体现了推广类民族健身操的健身性。

第六章

民族健身操与科学锻炼

科学实践证明，体育锻炼是促进身体健康的积极手段和重要方法。"生命在于运动"这句名言，深刻地说明了体育锻炼的作用和意义。如何进行科学的民族健身操练习，以达到增强体质、增进健康、防病治病、延年益寿的目的，是每一位民族健身操练习者首先要明白的问题。要想达到良好的锻炼效果，必须依据人体生理特点，掌握身体锻炼的基本原则和方法，同时加强自我医务监督。违反民族健身操规律的练习，只能是适得其反，甚至还会引起伤害事故。

第一节 民族健身操锻炼的生理负荷

民族健身操锻炼的最终目的是为了取得最佳的锻炼效果。从生理学角度看，只有适宜的负荷刺激才能达到增强体质的目的。负荷过大，刺激量超过了身体所承受的范围，不但不能强身健体，反而对身体有害；负荷过小，不能引起身体的适应性变化，就达不到强身健体的目的。因此，科学地确定适合于自己身体情况的锻炼负荷是获得民族健身操锻炼效果的前提。确定锻炼负荷的方法主要有以下几种。

1. 根据锻炼时的心率确定运动负荷

（1）对没有训练基础的人：

$$最高极限心率 = 220次/分 - 年龄$$

这个公式是由美国空军医生库博提出来的，他将运动强度量化了，这是他的一大贡献。

例如：45岁的人最高心率为：

$$220次/分 - 45 = 175次/分$$

即45岁的人最高极限心率为175次/分。

（2）有训练基础的人：

$$最高极限心率 = 205次/分 - 年龄的一半$$

以上是计算运动强度的极限指标，那么健身的心率范围以多大为宜呢？

美国健身研究协会推荐的健身指标区为：最高极限心率×（60%~80%）。

美国心脏学学会推荐的健身指标区为：最高极限心率×（60%~75%）。

美国运动医学院推荐的健身指标区为：最高极限心率×（65%~90%）。

心率在上述指标范围内属有氧运动，故称为健身指标区。而百分比的指数越高，对身体的影响就越大，锻炼的效果也就越明显。如果百分比指数超过上述范围则是无氧运动，对一般健身无益。但过低对身体又不起作用，只能是一般的活动而已。因此，只有确定适合于自己的负荷，才能收到最佳的锻炼效果。

2. 根据锻炼时的感觉确定运动负荷　在锻炼中经常自测心率是很麻烦的。为此，瑞典心理学家Bong又设计出用运动感觉确定运动负荷的新方法。这种方法是用主观心理用力感觉等级表（简称RPE）作为运动时心理负荷的标志（表6-1）。该表按自我感觉分为6~20级，并以RPE值乘以10为接近当时负荷者的心率水平。许多学者对运动实验时的RPE与各项客观检查指标，如心率、血乳酸浓度、最大吸氧量等作了比较，发现主观用力感觉和上述生理指标相关密切，RPE与心率之间的相关系数为0.8~0.9。进行民族健身操锻炼也可参照此量表。

表6-1　主观心理用力感觉等级表（RPE）

自我感觉	等级	自我感觉	等级
非常轻松	6~8	累	15~16
很轻松	9~10	很累	17~18
尚轻松	11~12	筋疲力尽	19~20

第二节　民族健身操锻炼的自我监督体系

自我监督是指练习者在进行民族健身操锻炼时对自己的身体健康状况和机体功能状况经常进行观察的一种方法。它不但能科学地保证练习者的健康，而且也是自我评价运动负荷大小的一种方法。

一、自我监督

（一）良好的自我感觉

参加民族健身操锻炼后，感觉身体轻松，心情愉快，性格开朗，食欲好，睡眠沉，精力充沛，记忆力提高，身体充满活力，皮肤光泽、有弹性，锻炼后有轻微的疼痛，清晨起床后症状消失，并有强烈的运动欲望，这些都是良好的锻炼后反应。

（二）不良的自我感觉

在民族健身操锻炼过程中，出现下列现象，应引起重视，及时进行调整。

（1）当锻炼过程中出现头痛、恶心、气喘、胸痛、心悸或其他部位疼痛时，可能是锻炼前未做热身运动，突然活动，身体没有及时适应或运动量过大造成的，应逐渐减小运动量或用放松、走动等形式进行调整、缓冲，不要惊慌。若持续时间较长，应停止运动或咨询医生。

（2）若锻炼后出现精神萎靡不振、四肢软弱无力、疲惫、容易激动则可能是练习方法不当或疲劳的象征，应停止练习，休息1~3天或调整练习负荷，缩短练习时间，在症状消失后再循序渐进地进行练习。

（3）练习后若出现失眠、屡醒、多梦、嗜睡、清晨起床后头晕沉、精神不好、食欲减退等症状则说明：①初学者还没有适应这种运动；②运动量过大，应做适当的调整，但不宜停止练习。

（4）若近期练习时，突然大量排汗，除运动量过大外，则是机体功能状况不良、健康状况下降的反应，应及时调整练习强度和时间，注意观察，必要时应到医院进行体格检查。

二、自我监测

在民族健身操锻炼中，脉搏和体重是监测人体功能状况的两项指标。

1. 脉搏　脉搏与参加民族健身操锻炼者的训练水平有关。经常参加体育锻炼的人安静时的脉搏较慢，间断地或很少参加体育锻炼的人脉搏较快。当训练水平提高或下降时，脉搏也将发生相应的变化。

在自我医务监督中，常用清晨卧位脉搏频率来评定训练水平和机体功能状况。据调查，清晨卧位脉搏率下降或不变即说明机体功能反应良好，有潜力；若脉搏频率每分钟增加12次以上，说明机体反应不良，可能与睡眠不好或患病等因素有关，必须分析原因及时处理。在排除其他原因后，清晨卧位脉搏率仍保持较快的水平，则可能与过度训练有关。此外，清晨脉搏率与自我感觉之间有一定的关系。有调查表明，当清晨脉搏率每10秒增加1次时，有20%的人自我感觉不良。若发现脉搏节律不齐或出现停跳现象时，必须做进一步检查。

在测定清晨卧位心率时，一般记录10秒内的脉搏次数，但需以其稳定值为标准，即连续测量两次的数值是一样的，否则进行重测，也可以测量30秒钟的脉搏数，然后计算每分钟的脉搏数。

在自我监督中，检查心率变化的规律时，还必须注意年龄、性别差异和体温状况。中国学生体质调查组数据表明：我国18~20岁城市青年学生的心率，男生平均为75.2次/分，女生为77.5次/分。

2. 体重　系统地参加民族健身操锻炼后，体重的变化可分为3个阶段。

第1个阶段：体重有逐渐下降的趋势，这是机体失去多余水分和脂肪的缘故。这个阶段持续3~4周或更长时间。对于胖型或较少锻炼者体重下降幅度要更大一些。

第2个阶段：体重稳定阶段，运动后减轻的体重完全恢复。这个阶段能持续5~6周以上。

第3个阶段：肌肉等组织逐渐发达，体重有所增加并保持在一定的水平上。

进行自我监测时，每周可测体重1~2次，应在同一时间内测定（最好是清晨）。此外，还可测定运动前后的差数，以观察运动对机体的影响。如果出现"进行性下降"，身体有其他异常征兆时，可能是过度训练或患有慢性消耗性疾病，应查明原因。

为了便于自我监督，可采用以下自我监督表（表6-2），根据实际情况，在有关栏打"√"即可。

表6-2 自我监督表

年级：　　　班级：　　　姓名：　　　年龄：　　　性别：

自我感觉	自我评定	日　期
一般感觉	良好	
	平常	
	不好	
练习心情	很想	
	愿意	
	不想	
	厌倦	
不良感觉	头痛	
	头晕	
	恶心	
	气喘	
	心痛	
睡眠	良好	
	一般	
	入睡迟	
	易醒	
	多梦	
	失眠	
食欲	良好	
	平常	
	减退	
	缺乏	
	平常	
排汗量	减少	
	增多	
	盗汗	
心率（次/分）	清晨卧位	
	练习前	
	练习后	
体重（千克）	晨起	
	练习前	
	练习后	

三、对疲劳的判断

疲劳程度可分为轻度、中度和非常3种（表6-3）。一般情况下，可以通过参与者的自我感觉（如疲乏、头痛、心悸、恶心等）和某些外部表现（如面色、排汗量、呼吸、动作、注意力等）来判断疲劳的程度。有时也可以测定某些生理指标以作为判断疲劳程度的依据。

表6-3　3种疲劳程度的表现

	轻度疲劳	中度疲劳	非常疲劳
自我感觉	无任何不舒服	疲乏、腿痛、心悸	疲乏、腿痛、心悸，同时伴有头痛、胸痛、恶心，甚至呕吐等现象。这些象征持续相当久
面色	稍红	相当红	十分红或苍白，有时呈紫蓝色
排汗量	不多	甚多，特别是肩带部分	相当多，尤其是躯干部分，在颞部及汗衫和运动衣上可出现白盐渍
呼吸	中度加快	显著加快	显著加快，并且浅（其中有少数深呼吸出现），有时呼吸节律絮乱
动作	步态轻稳	步伐摇摆不稳定	摇摆现象显著，在练习时出现不协调动作
注意力	比较好，能正确执行指示	执行口令不准确，改变方向时发生错误	执行口令缓慢，只有大声口令才能接受

应根据疲劳程度安排练习。如果是轻度疲劳，可以继续练习；如果是中度疲劳，要适当减少运动量；如果是非常疲劳，则要完全停止一段时间的练习，必要时还需请医生治疗。

第三节　民族健身操锻炼的科学方法

一、循序渐进，持之以恒

众所周知，民族健身操锻炼可以强身健体，健康减肥。这个质的变化不是一朝一夕可以达到的，需要一个由量变到质变的过程。人体结构的改变，运动能力的提高，内脏循环功能的改善，都是由于神经系统通过对运动系统及其他内脏、循环系统反复多次调节而形成的适应性反应。这种适应性不是靠几次锻炼就可以实现的，而是一个相当复杂的协调过程。只有长期积累，经常坚持，才能达到良好效果。因此，参加民族健身操锻炼，首先应该有信心和持之以恒的精神，尤其是对初学者和减肥者，切忌心急，应遵守科学的锻炼方法及循序渐进的原则，避免造成半途而废及不良的身体反应。

二、灵活掌握，及时调整

在进行民族健身操锻炼时，若身体健康状况欠佳，有炎症或出现疲劳症状（四肢无力、疲倦、头晕、恶心、心悸等）时，应立即停止锻炼，不要勉强。当身体状况不好时，人的中枢神经系统对身体的控制能力大大下降，机体对外界环境的适应能力和协调关系出现失调现象。如果此时勉强训练，不仅不利于健身反而会给身体健康带来不良影响。若出现较轻疲劳症状，可以采用适当的休息或调整锻炼负荷及缩短锻炼时间等方法进行调节缓冲。要注意区分疾病性和运动性的疼痛，对肌肉的酸疼、胀疼，不必停止锻炼，应尽量坚持，作适当的调整与放松，通过超量恢复，会使机体得到进一步的改善与提高。对疾病性疼痛，应及时到医院进行检查治疗。

三、热身运动

在进行民族健身操锻炼之前，首先要进行热身运动，然后才能转入正式锻炼的内容，目的是使健身者从生理和心理上做好充分准备，使机体从平静的抑制状态逐渐过渡到活动的兴奋状态，促使心脏功能逐渐加强，使血液循环和气体交换得到改善，新陈代谢旺盛，更好地适应锻炼时的生理要求。同时使肌肉、韧带、关节得到活动，神经系统的兴奋性得到提高，使整个机体由静息状态逐步进入工作状态，为即将进行的较为剧烈的身体活动做好各种准备，从而提高机体的工作效率，预防运动创伤。

一般热身运动以伸、拉动作为主，运动负荷不宜过大，避免做跳跃运动。热身的时间长短、活动量的大小应根据天气情况而定。热天时新陈代谢旺盛，身体容易活动开，热身运动的时间可以短些；冷天时血液循环比较缓慢，肌肉、韧带和关节均较僵硬，不够灵活，因此，活动时间要稍长些。一般情况下，热身运动的时间应控制在总锻炼时间的20%左右，做到身体感觉发热、微微出汗为宜，这时全身各部位功能已被调动起来，中枢神经系统的兴奋性提高了，关节的灵活性和肌肉的弹性增加了，各器官系统的活动也加强了。此时进入较大强度的运动，才能避免可能出现的肌肉拉伤或关节扭伤的现象，确保顺利完成正式锻炼的内容。

第四节　民族健身操锻炼与卫生

一、生理卫生

1. 月经期的卫生　月经期是否能参加锻炼，应因人而异。最好根据锻炼者的健康状况、身体训练水平及月经期对民族健身操活动的适应程度而决定。

一般情况下，身体健康、月经正常者，在月经期是可以进行民族健身操锻炼的，但应注意运动量不宜过大，拉伸幅度动作不宜过长，当身体逐渐适应运动后再逐渐增加锻炼的时间及强度。

对于在月经期之前或月经期间有强烈的身体反应和心理反应（头痛、腹痛、水肿、易怒、疲倦、精神不振）的健身者，应适应性地进行民族健身操锻炼，因为月经期间，肾上腺分泌醛固酮，卵巢分泌黄体酮，这两种激素造成水和盐分在体内滞留，造成脑组织和身体其他部分组织肿胀等不良反应。在月经期进行民族健身操锻炼，通过大量的出汗，可以使体内过多的水和盐分排出体外，减轻身体负担及上述症状。同时通过优美抒情的音乐，可以调节中枢神经系统，陶冶情操，使锻炼者沉浸在欢乐的音乐中，放松身心，调节神经，舒经活血，分散疼痛的注意力，起到减缓症状的作用。

2. 饮食卫生　参加民族健身操锻炼，必须注意运动前、后的饮食卫生。一般进食后间隔1.5~2.5小时才可进行民族健身操锻炼。因为进食后的一定时间内，胃部食物充盈，横膈膜上顶，影响呼吸，不利于运动。而且此时运动可使消化器官的血液供应减少，功能减弱，这不仅影响食物的消化，还易引起腹痛、呕吐等。原则上运动前的一餐食量不宜过多，而且应吃易于消化，含有较多糖、维生素的食物，尽量少吃含脂肪、纤维素及刺激性、过敏的食物，总的来说，糖类最易消化，蛋白质次之，脂肪最难消化，运动后应休息30分钟以后再进食。

3. 饮水卫生　进行民族健身操锻炼，不仅消耗大量热能，同时也失去大量的水分。当失水量为体重的4%~5%时，可使肌肉工作能力下降20%~30%；当失水量为体重的10%时，会引起循环衰竭。所以在民族健身操锻炼过程中应注意及时补充体内流失的水分，以保证身体健康和机体需要。

失水造成生理功能改变的主要机制是血容量减少，不能满足机体的需要。机体在运动时需要充分的血液量，一方面是要加强对肌肉组织的血液供应，以保证其物质代谢的进行；另一方面是运动时机体产生大量的热，需要血液将多余的热带到体表散发，以维持正常体温。当血容量减少时，就不能同时满足上述两方面的要求，从而导致功能下降，主要特征是心率加快，体温升高。所以在民族健身操运动中，尤其是在夏天，及时补充水分是很重要的。

补充水的方法最好是少量多次，运动中每15~20分钟饮水100~150毫升。这样既可以随时保持体内水的平衡，又不增加心脏和胃的负担。一次大量饮水对身体不好，因为大量水分骤然进入体内，可使血液稀释和血量增加，这样会增加心脏的负担。此外，大量的水进入胃中，由于不能及时被机体吸收（以吸收水的速度每小时最多800毫升，就会造成水在胃中潴留，稀释胃液，影响消化。若大量饮水后继续运动，水在胃中晃动，使人不舒服，容易引起呕吐。

一般在开始运动前10~15分钟，可饮400~600毫升水，以增加体内水的临时储备，对维持运动时的生理功能有良好作用。运动后饮水也应采用少量多次的方法。

值得一提的是，减肥者不应因为肥胖而不饮水，因为体能的消耗与水成正比，多消耗1千卡热量，就需加水1毫升，所以保持体内水分，有利减肥。

二、个人卫生

1. 民族健身操的服装　参加民族健身操锻炼，有条件时最好穿专门的民族健身操服装，若没有条件的可选用：①有足够弹性、纯棉质地、柔软的服装，便于完成民族健身操的动作。②要美观、色泽鲜艳。穿着漂亮、舒适得体的服装进行民族健身操锻炼，能使练习者心情愉快，增强表现力及自信心；颜色艳丽的服装，更能增添民族健身操的活力，美化健身环境。③服装要整齐、干净。整洁的服装不仅代表个人形象，给人留下美的回忆，同时对个人的健康也很有好处，每次锻炼后，应及时清洗服装，使其保持干爽、柔软。

2. 运动鞋袜　民族健身操锻炼鞋子的选用应为大小合适、轻松柔软、具有一定弹性及通透性能较好的运动旅游鞋。切忌穿高跟鞋、厚底鞋、体操鞋进行民族健身操锻炼。运动时鞋带的松紧度要适宜，过紧影响脚的血液循环，对健康不利，过松影响动作的完成。同时，要保持鞋内的清洁干爽。如果来不及清洗，可放到通风、阳光充足的地方进行晾晒。

袜子的穿着应以纯棉为好，大小应合适。如果出汗较多、出汗时间较长、发硬就不要穿了，以免造成脚的疾患。不要穿尼龙或尼龙丝袜子跳民族健身操。

3. 清洁皮肤　民族健身操锻炼前，应将面部进行清洁，保持皮肤的通透性，便于排汗。民族健身操锻炼后应及时清洁皮肤，将汗水擦干，以免受凉感冒。有条件的最好能洗个热水澡，既能清洁皮肤又能减轻和消除疲劳，但不宜时间过长，以免身体消耗过多。

4. 发型与装饰　在民族健身操锻炼时，头发最好不要披散，以免蓬乱遮挡视线，分散注意力。最好是系上发带，可防止前额上的汗水流到眼睛里，还可以给人以美感。在锻炼时，不要戴手表、手镯、项链、戒指、假发等，以免损伤皮肤或丢失等。

三、环境卫生

自然而优美的环境是进行民族健身操锻炼最理想的场所，它可以使锻炼者心情舒畅，产生锻炼的欲望。如果在室内锻炼，应注意保持光线明亮，最好是自然光。室内通风要好，并保持一定的温度和湿度。地面平整洁净，没有灰尘泥污，应使人感觉非常舒爽、清新。若是在室外自然环境中进行民族健身操锻炼，最好选择绿色植物较多、没有污染、噪声小的地方，不宜在水泥地或柏油场地中进行。

第七章

彝族烟盒健身操

第一节　彝族烟盒健身操概述

一、历史文化

彝族是具有悠久历史和古老文化的中国民族之一，不同地区有"诺苏"、"纳苏"、"罗武"、"米撒泼"、"撒尼"、"阿细"等不同自称，现有人口502.8万，主要分布在云南、四川、贵州3省和广西壮族自治区的西北部。彝族历史悠久，文化丰富多彩，古时候就对历法和宗教信仰有着深刻的研究，在历史的发展过程中形成了自己独有的民族文化。

彝族历史悠久，早在2 000多年前，彝族的祖先就生息繁衍在云贵高原和金沙江、澜沧江畔。公元8~10世纪，以彝族和白族为主体的南诏国政权建立。彝族的食品主要为玉米、荞麦。彝族人喜欢饮酒，喜欢吃"坨坨肉"。彝族的传统民居被称为"土掌房"。这种"土掌房"一般以石块为房基，土坯砌墙，形成平台屋顶。平台屋顶滴水不漏，又可以晾晒谷物。"土掌房"冬暖夏凉，防火性能好，非常实用。彝族服饰古朴、独特。生活在不同地区的彝族人民有不同的服饰习俗，大致可分为凉山型、乌蒙山型、红河型等。

二、风俗习惯

据史料记载，早期彝族存在于4 500年前，汉朝称"西南夷"。隋唐以来，彝族先民地区有乌蛮与白蛮的分化，并与其他民族融合而成。彝族的节日主要有"火把节"、"彝族年"、"拜本主会"、"密枝节"、"跳歌节"等。"火把节"是彝族地区最普遍而最隆重的传统节日，一般多在夏历六月二十四日或二十五日。每到火把节，彝族男女老少身穿节日盛装，打牲畜，祭献灵牌，尽情跳舞、唱歌、赛马、摔跤。夜晚，手持火把，转绕住宅和田间，然后相聚一地烧起篝火，翩翩起舞。彝族人民喜好歌舞，民间有各种各样的传统曲调，如爬山调、进门调、迎客调、吃酒调、娶亲调、哭丧调等。有的曲调有固定的词，有的没有，是临时即兴填词。山歌分男女声调，各地山歌有自己独特的风格。彝族乐器有葫芦笙、马布、巴乌、口弦、月琴、笛、三弦、编钟、铜鼓、大扁鼓等。彝族舞蹈也颇具特色，其中多为集体舞，如"跳歌"、"跳乐"、"跳月"和"打歌舞"等。动作欢快，节奏感强，通常用笛子、月琴、三弦伴奏。

三、民族音乐、舞蹈

云南彝族的支系十分复杂，音乐也各有特色。地区不同，音乐舞蹈风格也迥异，"四大腔"（海菜腔、山药腔、五山腔和四腔）流传于云南红河地区，歌词用汉语演唱，形式多样，其中独具一格的海菜腔以其久远的历史、优美的旋律享誉海内外。彝族人民个个能歌善舞，有载歌载舞的歌舞和以乐器伴奏的乐舞两类。前者最著名的如"打歌"、"跌脚"、"左脚舞"等，节奏鲜明、音调明快；后者因伴奏乐器的不同而各具特色，较具代表性的有"跳乐"、"烟盒舞"等。

彝族舞蹈种类繁多，内容丰富，可谓我国民族舞蹈文化的宝库。主要有以下几种舞蹈。

1. "打跳" 在彝语中称"古蔗"，是一种自娱性舞蹈，也是彝族人民最喜爱的群众性舞蹈。各地区"打跳"的风格有异，在称谓上也有差别，又叫"打歌"、"跳歌"、"叠脚舞"、"叠左脚"、"左脚舞"、"三跺脚"、"芦笙舞"及"阿垂乐"等。其中，花鼓舞也颇具特色，动作矫健有力，开朗豪放，节奏鲜明。在重拍时向上弹跳，一拍击鼓一下。动作特点是小腿灵活，有不少高难度技巧，如小腿在空中划圈等。

2. 丝弦舞 此舞蹈的特点是柔和、优美、抒情和细腻，脚起、脚落有一股悠劲，双手在胸前拍掌，跟着乐曲一拍拍一下。围成圆圈跳舞的人们随着动作的变化，身体的方向也不断转动。

3. 烟盒舞 清新活泼，身体在富于弹性的起伏中，手臂和手腕灵活舞动，配合协调自然，轻快健美。乐作舞柔和而轻盈，膝盖伸屈富有弹跳力，舞动的手臂如蜻蜓振翅，姿态优美，特色浓郁。舞者边跳边唱，间或拍手，激烈时，相互对穿；忽停，忽动，并自转一圈。队形基本呈现圆圈，有时交错对穿，有时翻身自转，欢乐时，还唱着"噻、噻、噻噻"的歌声。

4. 阿细跳月 此舞步始终呈跳跃状，一般跳三步，然后抬脚跳两下，与对舞者对脚，也有的舞步在抬脚对舞时自转一圈。男子手持乐器，步伐与女子基本相同。女子左右摆动双手，抬脚时双手拍掌两下。队形变化有前进、后退和交错。

5. 铜鼓舞 跳舞时一人打铜鼓，男子在外圈，女子在里圈，围着铜鼓，随着鼓的节奏起舞。舞步像攀登山路的样子，每迈一步，双膝随之频频颤动，甚为奇特。步伐大致分为5种，即二步、三步、四步、六步、八步，至最后一拍，脚向前踢出。男女同舞时，互相手拉手，前后摆动。男子单独排成长队舞蹈时，则各执折扇1把，屈伸于前侧和胸前。舞蹈动作比较简单，主要的看点在于队形的变化，节奏由慢而快，至高潮时而收。

6. 披毡舞 以手部动作为主。舞者，把披毡披在肩上，双手握住披毡两侧边缘，上下、左右舞动；或两手交替从上向下盖；或一手叉腰，另一手向里、向外摆动；还有将披毡向前、向后反复甩动的，向前甩至胸前，向后甩搭在双肩，看上去一会儿犹如天鹅飞翔般地悠然优美，一会儿又如孔雀开屏般地热情奔放。舞蹈步法主要是一步一靠、慢走步等，脚步扎实、稳重，在走碎步时则轻松愉快。当舞者急速转动时，双臂伸展像盛开的鲜花；当舞者突然下蹲，收拢双臂时，又像是将要怒放的花蕾，最具彝族的特色。

7. 摆手舞 为2人一组或4人一组的舞蹈。一手上举，另一手下垂或与同伴相互拉手。男子舞蹈时手高举至头顶，女子则仅举手至肩部，用全脚掌做碎步互相交换位置。如人数多时，可呈现横排、斜排、四方形等队形。队形及动作均随领舞者而变化。手的摆动有上下摆动、前后抖动、左右摇动等。在摆动手时肘部与臂部活动都不能动得太大，碎步行走时要保持上身挺直、昂首，给人以精神焕发、神采奕奕的感觉。

8. 对脚舞 跳舞时无乐器伴奏，也不唱歌，舞者以整齐、有力的脚步声及默契的内心节奏作为伴奏，共同舞蹈。时而舞者也会发出"赤、尼、锁、耳（一、二、三、四）"的喊声，以统一步伐。都为男子2人相对而舞，动作粗犷，节奏鲜明。

9. 羊皮鼓舞 跳舞时舞者左手持鼓，右手持槌，口中念念有词，边击鼓边全身颤动；双肩前后快速抖动，略塌腰翘臀，也有以全蹲姿态向左、右纵跳及向上高跳等略带技巧性的动作。

四、烟盒舞简介

"烟盒舞"是一种传统的民族舞蹈。目前已被列为国家级非物质文化遗产，主要流行于云南个旧、石屏、建水、开远、蒙自、玉溪、杨武等彝族聚居区。烟盒舞属彝族男女青年集体娱乐性舞蹈。它的来源传说不一，较为普遍的说法是彝族人民为了猎取野兽，往往披着兽皮混到兽群中间。后来渐渐把这种模仿野兽的动作发展成为舞蹈，于是形成了"三步弦"。另一种说法认为三步弦是模仿挑秧苗走路，上山、下山的样子。总之，这都说明"烟盒舞"产生于彝族人民的劳动、生产、生活。据说当初烟盒舞并没有道具，但由于节奏不统一跳不整齐就以拍手来统一节奏。后来有人用装黄烟的烟盒弹着玩，发出悦耳的声响，于是就用弹烟盒代替拍手来统一节奏。烟盒最初是彝族民众随身携带，盛放烟丝或饰品的生活用具，直径9厘米左右，上下对扣的兽皮或竹皮圆盒。舞者一手拿盒，一手拿盖，用手指弹响烟盒底部。烟盒舞是云南彝族传统民间舞蹈中具有代表性的典范之一。烟盒舞蕴涵彝族丰厚的历史人文信息，折射出彝族人民的思维方式与价值观取向。正如民间老艺人所言："烟盒舞是老祖宗传下来的，是我们彝族的人文百科全书。"这标志着烟盒舞是作为独立的而又具有民族特色的舞种而出现的，是云南彝族传统民间舞蹈中具有代表性的典范之一。

彝族烟盒舞包括正弦和杂弦两部分，形成了山区和坝区两种风格和多种流派。舞蹈套路多达220套，目前仅搜集整理117套，其中正弦62套、杂弦55套。其舞蹈形式有双人舞、三人舞和群舞等，舞者手持旧时盛火草烟的圆形皮、竹或木制烟盒，在四弦的伴奏下，弹击盒底击节作舞，节奏明快，气氛热烈。按照民间对烟盒舞分类的传统方式，烟盒舞分为"正弦"（母弦）、"杂弦"（子弦）。"正弦"是指"正统"或"正宗"的烟盒舞，它体现烟盒舞的动律、风格及艺术特点。所谓"杂弦"有两层意思：一是指与"正弦"相对而言的，指被众人公认的"正弦"之外的其他舞套路；二是表示"杂弦"舞套路所表现的内容很复杂。有表现生产、生活的；有表现男女欢爱之情的；有表现原始宗教习俗与祭祀的；有模仿自然界的各种动物生活习性的，因而被称为"杂弦"。"正弦"类舞套路大多是指以"三步弦"为基础发展起来的情绪舞，自娱性较强且形式质朴，具有轻柔舒缓、刚柔相济的风格特点，尽显烟盒舞的本质特征与运作规律。"杂弦"是从"正弦"（母弦）中派生而来的。受彝族尼苏人各聚居区的生态环境、文化地理、生活方式等差异的影响，烟盒舞各流行地的"杂弦"类舞套路大多不同。"杂弦"舞套是指初具情节因素的舞蹈小品，注重技艺的特点，促使烟盒舞向表演性舞蹈的方向发展。依存于民间土壤的烟盒舞历经社会文化的变迁，在历史的演进中不自觉地变换着功能以获取存在的动力及意义。彝汉民族群体间的接触与互动，是滇南彝族烟盒舞变迁的动因之一。

1. 正弦 又叫"三步弦"、"簸箕弦"，这类舞蹈只有乐器伴奏，不唱。参加人数不限，最少2人，最多可达十几人。每套舞蹈的命名均根据动作而来，如"三步弦"就是由登步、过堂步、蹲步剪子口这3种动作组合而得名。正弦中有"三步弦"、"二步半"、"一步半"、"歪歪弦"、"斗蹄壳"等十多套组合。"歪歪弦"中有双脚交叉、左歪右歪的动作。"斗蹄壳"（即斗脚舞）是模拟动物斗蹄的动作，跳时参加者须成双数，两排对舞。

2. 杂弦 大多数是载歌载舞的，内容丰富，套数很多，目前已搜集到的就有55套。其中又分为自娱性和表演性两种形式。自娱性的杂弦是群众性的舞蹈。参加人数不限，围圈而舞。每套舞蹈以晃跳步、盖披步等基本动作为基础，加上表现一定内容的动作，或模拟劳动，或根据唱词变化组合起来。其中表现劳动生活的有"踩谷种"、"踩慈姑"、"戽小细鱼"等；表现爱情生活的有"大理弦"、"大红丝线水红青"、"三妹子"等。另一类是根据队形的变化，如三人、四人、六人的对穿花；或根据唱词而命名的，如"赶瘦马"、"上通海，下曲江"、"大翻身"、"六穿花"、"跪哟"等。表演性的杂弦又叫"新杂弦"，多由2人表演，一般在自娱性的杂弦跳完后才表演。每套舞蹈都有简单的情节，开始先跳"三步弦"，然后根据情节内容表演，并编排许多优美的舞姿和造型，调度复杂，甚至有不少高难度的技巧动作，如下板腰、叠罗汉。"新杂弦"中表现劳动生活的有"哑巴砍柴"、"哑巴拿鱼"；模拟动物的有"鹭鸶拿鱼"、"猴子搬包谷"、"鸽子学飞"；显示技巧的有"滚松得"、"苍蝇搓脚"、"仙人搭桥"；也有少数表现传统故事的，如"三打白骨精"等。

烟盒舞的队形变化也颇有特色，除一般的圈舞外，有丰富多彩的穿花队形变化和组合，有6人、4人、3人、2人穿花等，舞蹈和队形变化配合巧妙、和谐，成为烟盒舞的风格特色。烟盒舞音乐节奏鲜明、灵活多变，在清脆的烟盒声伴奏下，舞者全身富于弹性地起伏，手臂凤凰点头似的舞动，小腿灵活而富有韧性，特点突出，风格浓郁。

石屏彝族烟盒舞个性鲜明，技巧多样，著名的技巧动作有"仙人搭桥"、"蚂蚁搬家"、"倒挂金钩"等。这种富有特色的民族民间舞蹈既可健身又可怡情，动作流畅潇洒，极富艺术感染力，深受群众喜爱，传播范围遍及城乡，现已发展成为集歌、舞、乐、竞技于一体的综合性舞蹈艺术。

烟盒舞作为滇南彝族最具特色的一个舞种，以独特的舞蹈语汇展现了彝族的历史观、道德观、价值观和思维方式，在民族学、民俗学、社会学领域有很高的研究价值。其丰富多样的舞蹈套路和深邃的舞蹈内涵表现了彝族人民出众的舞蹈创作才能和艺术领悟能力。烟盒舞通过头、脚、身、手、腰等各个身体部位的巧妙运用，以优美的舞姿形象地表达了彝族特有的审美趣味，同时下腰连环翻滚等高难度的舞蹈技巧也具有很高的艺术价值。烟盒舞以其独特的艺术魅力广为当地各族群众喜爱，促进民族间团结，增进友谊。随着时代的变迁，烟盒舞的人文环境发生巨变，传统的"吃火草烟"习俗已经消失。烟盒舞的编排出现风格单一化、内涵浅显化的趋势，传统的韵味十足的烟盒舞经典套路濒临失传，亟待抢救。

第二节　彝族烟盒健身操成套技术动作

创编　寸亚玲

彝族烟盒健身操选用烟盒舞基本动作"正弦"、"凤点头"、"上通海下曲江"等动作进行创编，突出手腕、手臂的翻转，舞动灵活。腰部的扭动加大了动作的幅度，全身上下起伏富有弹性，独具风格。音乐以四弦琴为主韵律，古朴、优美，具有浓郁的民族特色。本套操成套共16组55×8拍动作组成，成套动作时间为3分20秒，音乐节奏鲜明、舒展，简单易学，适宜不同年龄层次的锻炼群体。所需器材简单、轻便，易于推广。

1. 器械　烟盒，如下图所示。

2. 烟盒的拿法　中指放在烟盒的外侧，并用第一、第二两个指节扣住烟盒，其他所有手指皆藏于烟盒内，用大拇指和食指在烟盒内弹动便会发出有节奏的声响，如下图所示。

成套动作共55×8拍

【前奏】2×8拍

① 面向1点钟方向，站立不动听音乐。

② 1—2拍手肘微弯，手腕相靠在正前方，前平举位置来回翻转，此时右手翻到上方，同时右脚脚尖点地屈右膝出左胯，重心落在左脚。3—4拍手肘微弯，手腕相靠在正前方，手腕相靠来回翻转，此时左手翻到上方，同时左脚脚尖点地屈左膝出右胯，重心落在右脚。5—6拍与1—2拍动作相同。 7—8拍收回准备位。

①1—8

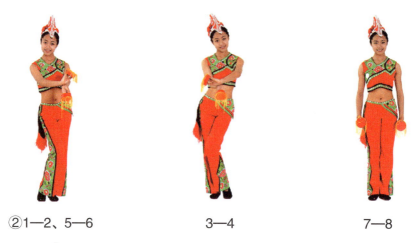

②1—2、5—6　　　　　　　3—4　　　　　　　　7—8

【第一组动作】2×8拍

① 1—2拍双脚、膝盖原地弹动，侧身右手在前，左手侧后平举，扣腕。3—4拍同1—2拍脚上动作相同，侧身左手在前，右手侧后平举，扣腕。5—6拍右手侧平举扣腕，左手屈肘，放在臀部后位置，脚上动作同前。7—8拍左手侧平举扣腕，右手屈肘，放在臀部后位置，脚上动作同前。

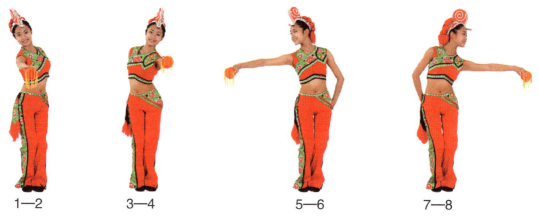

1—2　　　　　3—4　　　　　5—6　　　　　7—8

② 与①动作相同，重复1遍。

【第二组动作】2×8拍

① 1—2拍踩左脚，右手上凤点头位置，左手在下侧后方、臀部后位置，带彝族动律脚下踩桥步。3—4拍踩右脚，左手上凤点头位置，右手在下侧后方、臀部后位置，带彝族动律脚下踩桥步。5—6拍脚下动作同1—2拍，右手侧平举扣腕，左手放在臀部后位置。7—8拍与5—6拍动作相同，方向相反。

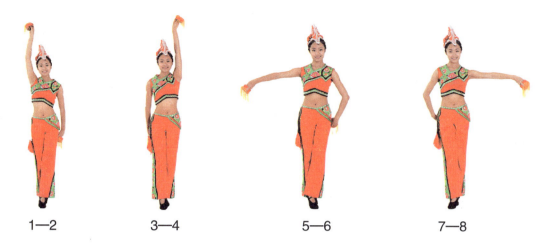

| 1—2 | 3—4 | 5—6 | 7—8 |

② 与①动作相同，重复1遍。

【第三组动作】4×8拍

① 1—2拍重心落在右脚，左脚在前，脚尖点地，双手在两侧，肘关节回夹到两侧肋骨旁，在夹肘关节的同时身体转向偏7点钟，右手在前。3—4拍脚上动作不变，手做小绕环，双手在两侧，肘关节回夹到两侧肋骨旁，在夹落的同时身体转向偏3点方向，左手在前，即体转运动，膝盖一直保持动律。5—6拍重心落在左脚，右脚在前，脚尖点地，双手在两侧，肘关节回夹到两侧肋骨旁，在夹肘关节的同时身体转向偏3点钟方向，左手在前。7—8拍脚上动作不变，手做小绕环，双手在两侧，肘关节回夹到两侧肋骨旁，在夹肘关节的同时身体转向偏7点钟方向，右手在前，头看后手，膝盖一直保持动律状态。

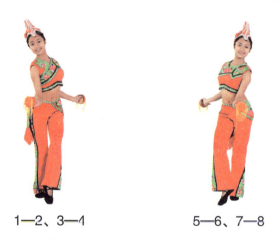

| 1—2、3—4 | 5—6、7—8 |

② 与①动作相同，重复1遍。

③ 1—2拍抬左腿于体前，勾脚，前微屈向1点方向，保持上体的动律状态。3—4拍左腿划到后，做向后抬腿，小腿微屈，头看后腿。5—6拍与1—2拍动作相同。7—8拍收回准备位。

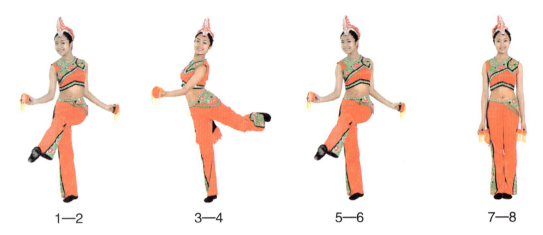

1—2　　　　　3—4　　　　　5—6　　　　　7—8

④ 1—2拍抬右腿于体前，勾脚前微屈向1点，保持上体的动律。3—4拍右腿划到后，做向后抬腿，小腿微屈，头看后腿。5—6拍同1—2拍动作相同，7—8拍收回准备位。

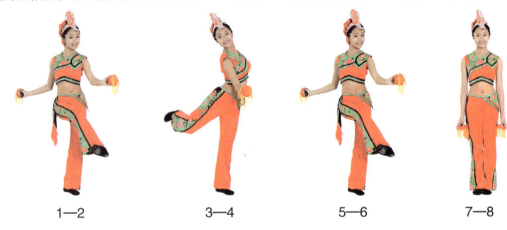

1—2　　　　　3—4　　　　　5—6　　　　　7—8

【第四组动作】4×8拍

① 1—2拍双手肘微弯，手腕相靠在正前方，在前平举位置来回翻转，左手翻到上方时左脚脚尖点地，屈左膝出右胯，重心落在右脚。3—4拍双手肘微弯，手腕相靠在正前方，在前平举位置来回翻转，右手翻到上方时右脚脚尖点地，屈右膝出左胯，重心在左脚。5拍两手腕相靠。6拍由里向外翻腕，左脚脚跟前点地。7拍双手打开侧平举弯曲翘腕，左脚脚跟侧点地，身体微屈。8拍收回到准备位。

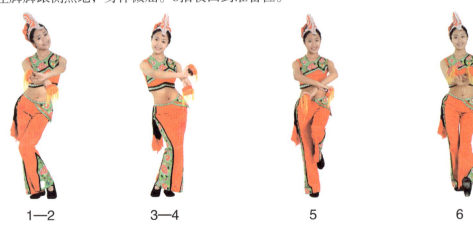

1—2　　　　　3—4　　　　　5　　　　　6

7　　　　　　8

② 1—2拍左脚向左横跨一大步，重心落在右脚，出左手侧平举，扣腕，左手持烟盒于左胯旁略后，双手敲烟盒（成侧弓步）。3—4拍右脚向右横跨一大步，重心落在左脚，出右手侧平举扣腕，右手持烟盒于右胯旁略后，双手敲烟盒。5—6拍与1—2拍相同。7拍与3—4拍相同。8拍收回到准备位。

1—2、5—6　　　　3—4、7　　　　8

③ 与①动作相同，方向相反。
④ 与②动作相同，方向相反。

【第五组动作】4×8拍

① 1—4拍右脚后踢，做后踢腿跑，开始向右方转体90°，手来回小摆臂；4拍时左脚落地后点地一次，同时大臂摆敲烟盒。5—6拍左脚在右脚前交叉屈膝，同时双手胸前交叉。7—8拍右脚侧点地，双手侧平举，扣腕。

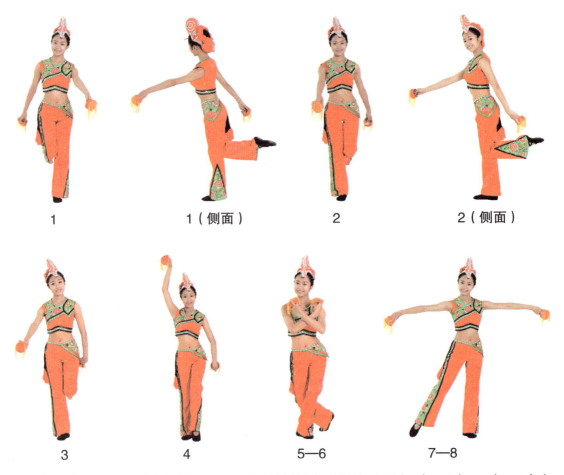

| 1 | 1（侧面） | 2 | 2（侧面） |

| 3 | 4 | 5—6 | 7—8 |

②、③、④与①动作相同，4个方向各转体90°做1次（即在3点、5点、7点、1点方向），最后回到准备位。

【第六组动作】4×8拍

① 做向前一字步。1—2拍右脚上步，同时右手举过头顶上举，手心向外。3—4拍左脚上步成一字步，同时左手也举过头顶上举，手心向外。5—6拍撤右脚的同时，双手收回胸前屈肘，肘关节朝下，手心向内。7—8拍左脚向后并步成一字步，手垂下，收回到准备位。

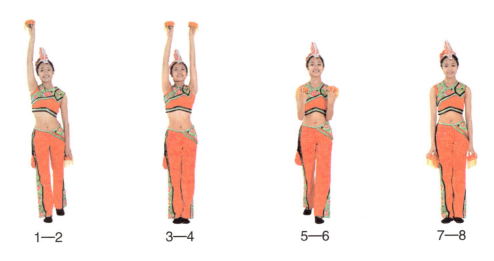

| 1—2 | 3—4 | 5—6 | 7—8 |

② 做向后一字步。1—2拍右腿后撤一步，同时双手成侧平举。3—4拍左脚向后并步成一字步，同时双手在头顶交叉。5—6拍右脚上步，同时双手成侧平举。7—8拍上左脚并步，手垂下，收回到准备位。

1—2　　　　　3—4　　　　　5—6　　　　　7—8

③ 1—4拍与①动作相同，5—8拍与②动作相同，变成一拍一动完成。

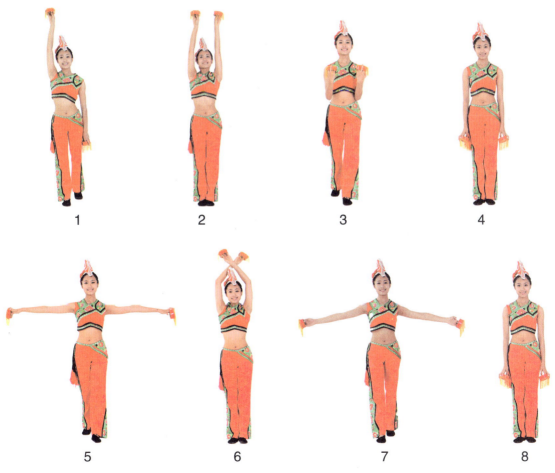

1　　　　2　　　　3　　　　4

5　　　　6　　　　7　　　　8

④ 1拍右脚上步，右手前平举，左手侧平举。2拍左腿吸于右腿旁，右脚单腿直立，两

手肘关节下夹于体侧,并用右肘关节碰左脚膝盖。3拍动作与1拍动作相同,撤左脚,右手前平举,左手侧平举。4拍收回准备位。5—8拍与1—4拍动作相同,方向相反。7拍两臂成侧平举,手心向下。

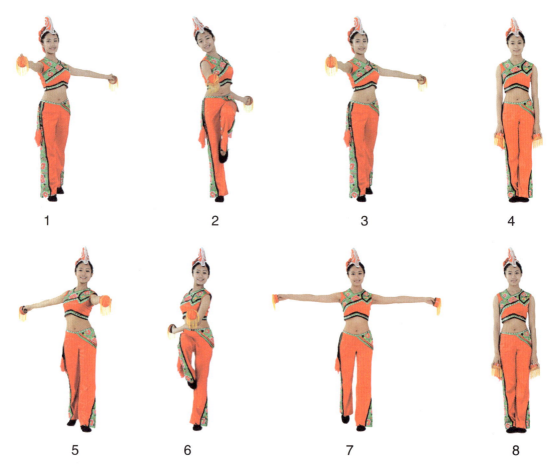

【第七组动作】4×8拍

① 1—2拍向前迈左脚,出右手侧平举,扣腕,左手持烟盒于左胯旁稍后,双手敲烟盒。3—4拍向前迈右脚,出左手侧平举,扣腕,右手持烟盒于左胯旁稍后,双手敲烟盒。5—6拍与1—2拍动作相同。7—8拍与3—4拍动作相同。

② 1—2拍退左脚，同时右手由一位经过二位、三位再到侧平举画弧，左手侧平举，扣腕。3—4拍退右脚，同时左手由一位经过二位、三位再到侧平举画弧，右手侧平举，扣腕。5—6拍与1—2拍动作相同。7—8拍与3—4拍动作相同。

③ 1拍左脚开始向左侧小崴，手随身体自由小摆动。2拍右脚向左脚靠拢，同样做小崴动作，手随身体自由小摆动。3拍与1拍动作相同，重做1遍。4拍时稍微停顿，此时左手在左侧斜上举，眼看手。右手在右侧下方，扣腕。5—8拍与1—4拍动作相同，方向相反（一拍一动）。

④ 与③动作相同，重做1遍。

第七章　彝族烟盒健身操

【第八组动作】4×8拍

① 1—2拍转身向2点方向，左脚开始向前走4步（两拍一动）；朝2点上左脚，右手上、左手下（凤点头）。3—4拍右脚上步，左手上、右手下（凤点头）。5—6拍与1—2拍动作相同，7—8拍与3—4拍动作相同。

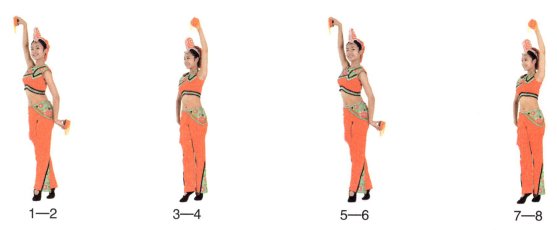

② 1—2拍重心移到左腿，顶胯。3—4拍双手从胸前划到两旁盖手，重心移到右腿，胯部向后。5—8拍与1—4拍动作相同，重复1遍。

③ 与①动作相同，方向相反，重复1遍。

④ 与②动作相同，方向相反，重复1遍。

1—2　　　　　3—4　　　　　5—6　　　　　7—8

【第九组动作】2×8拍

① 1—2拍双脚、膝盖原地弹动，侧身，右手在前，左手侧后平举，扣腕。3—4拍与1—2拍脚上动作相同，侧身，左手在前，右手侧后平举，扣腕。5—6拍右手侧平举，扣腕，左手屈肘，在臀部后位置，脚上动作同前。7—8拍左手侧平举扣腕，右手屈肘，在臀部后位置，脚上动作同前。

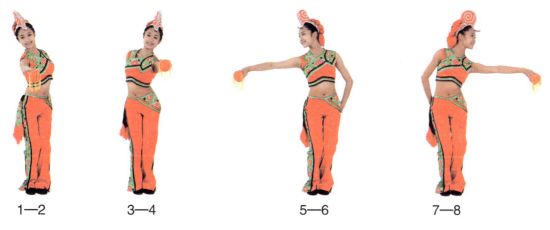

1—2　　　　　3—4　　　　　5—6　　　　　7—8

② 与①动作相同，重复1遍。

【第十组动作】2×8拍

① 1—2拍踩左脚，右手上凤点头位置，左手放在下侧后方、臀部后位置，带彝族动律脚下踩桥步。3—4拍踩右脚，左手上凤点头位置，右手放在下侧后方、臀部后位置，带彝族动律脚下踩桥步。5—6拍脚下动作与1—2拍相同，右手侧平举扣腕，左手放在臀部后位置。7—8拍与5—6拍动作相同，方向相反。

1—2　　　　　　3—4　　　　　　5—6　　　　　　7—8

② 与①动作相同，重复1遍。

【第十一组动作】4×8拍

① 1—2拍重心在右脚，左脚在前，脚尖点地，双手在两侧，肘关节回夹到两侧肋骨旁，在夹的同时身体转向偏7点，右手在前。3—4拍脚上动作不变，手做小绕环，双手在两侧，肘关节回夹到两侧肋骨旁，在夹的同时身体转向偏3点，左手在前，头看后手，（即体转运动）膝盖一直保持动律。5—6拍重心在左脚，右脚在前脚尖点地，双手在两侧，肘关节回夹到两侧肋骨旁，在夹的同时身体转向偏3点，左手在前。7—8拍脚上动作不变，手做小绕环，双手在两侧，肘关节回夹到两侧肋骨旁，在夹的同时身体转向偏7点，右手在前，头看后手。膝盖一直保持动律。

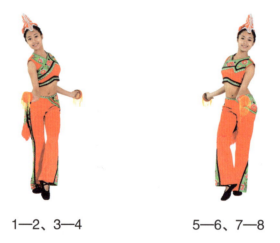

1—2、3—4　　　　　　5—6、7—8

② 与①动作相同，重复1遍。

③ 1—2拍抬左腿于体前，勾脚前微屈向1点，保持上体的动律。3—4拍左腿划到后，做向后抬腿，小腿微屈，头看后腿。5—6拍同1—2拍动作相同，7—8拍收回准备位。

1—2　　　　　　　3—4　　　　　　　5—6　　　　　　　7—8

④ 1—2拍抬右腿于体前，勾脚前微屈向1点，保持上体的动律。3—4右腿划到后，做向后抬腿，小腿微屈，头看后腿。5—6拍与1—2拍动作相同，7—8拍收回准备位。

1—2　　　　　　　3—4　　　　　　　5—6　　　　　　　7—8

【第十二组动作】4×8拍

① 1—2拍双手肘微弯，手腕相靠在正前方，在前平举位置来回翻转，左手翻到上方时左脚脚尖点地，屈左膝出右胯，重心落在右脚。3—4拍双手肘微弯，手腕相靠在正前方，在前平举位置来回翻转，右手翻到上方时右脚脚尖点地，屈右膝出左胯，重心在左脚。5拍两手腕相靠。6拍由里向外翻腕，左脚脚跟前点地。7拍双手打开侧平举弯曲翘腕，左脚脚跟侧点地，身体微屈。8拍收回到准备位。

1—2　　　　　　　3—4　　　　　　　5　　　　　　　6

7　　　　　　8

② 1—2拍左脚向左横跨一大步，重心落在右脚，出左手侧平举，扣腕，左手持烟盒于左胯旁略后，双手敲烟盒（成侧弓步）。3—4拍右脚向右横跨一大步，重心落在左脚，出右手侧平举扣腕，右手持烟盒于右胯旁略后，双手敲烟盒。5—6拍与1—2拍相同。7拍与3—4拍相同。8拍收回到准备位。

1—2、5—6　　　　3—4、7　　　　8

③ 与①动作相同，方向相反。
④ 与②动作相同，方向相反。

【第十三组动作】4×8拍

① 1—4拍左脚后踢，做后踢腿跑，开始向左方转体90°，手来回小摆臂；4拍时右脚落地后点地一次，同时大臂摆敲击烟盒。5—6拍右脚在左脚前交叉屈膝，同时双手胸前交叉。7—8拍右脚在体侧点地，双手侧平举，扣腕。

②、③、④与①动作相同，4个方向各转体90°做1次（即在7点、5点、3点、1点方向），最后回到准备位。

【第十四组动作】 4×8拍

① 做向前一字步。1—2拍右脚上步，同时右手举过头顶上举，手心向外。3—4拍左脚上步成一字步，同时左手也举过头顶上举，手心向外。5—6拍撤右脚的同时，双手收回胸前屈肘，肘关节朝下，手心向内。7—8拍左脚向后并步成一字步，手垂下，收回到准备位。

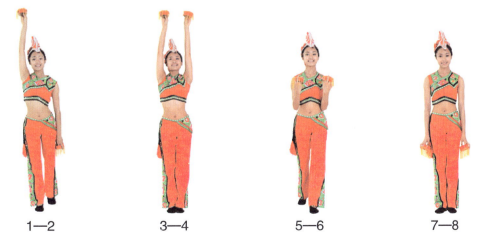

第七章 彝族烟盒健身操

② 做向后一字步。1—2拍右腿后撤一步，同时双手成侧平举。3—4拍左脚向后并步成一字步，同时双手在头顶交叉。5—6拍右脚上步，同时双手成侧平举。7—8拍上左脚并步，手垂下，收回到准备位。

1—2　　　3—4　　　5—6　　　7—8

③ 1—4拍与①动作相同，5—8拍与②动作相同，变成一拍一动完成。

1　　　2　　　3　　　4

5　　　6　　　7　　　8

④ 1拍右脚上步，右手前平举，左手侧平举。2拍左腿吸于右腿旁，右脚单腿直立，两

手肘关节下夹于体侧,并用右肘关节碰左脚膝盖。3拍动作与1拍动作相同,撤左脚,右手前平举,左手侧平举。4拍收回准备位。5—8拍与1—4拍动作相同,方向相反。7拍两臂成侧平举,手心向下。

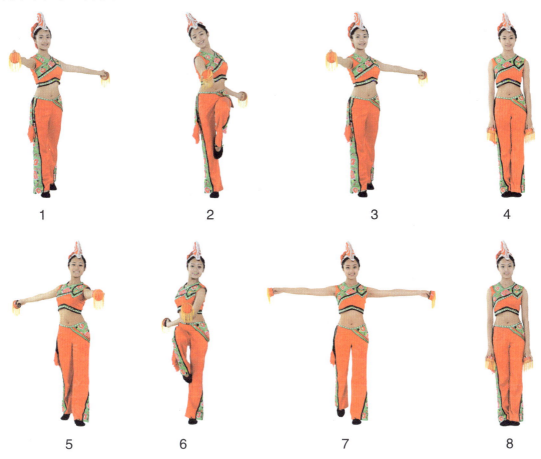

| 1 | 2 | 3 | 4 |
| 5 | 6 | 7 | 8 |

【第十五组动作】4×8拍

① 1拍双脚做开合跳动作向两侧跳开,左手一位,右手三位,烟盒相对。2拍两脚跳合,此时左手、右手放于胸前。3—4拍与1—2拍动作相同。5拍脚下跳开,左手在头顶,右手侧平举。6拍脚下跳合,双手变为胸前交叉,肘关节朝下。7—8拍与5—6拍动作相同,方向相反。

预备　　　1　　　2　　　3

第七章　彝族烟盒健身操

② 与①动作相同，重复1遍。

③ 1拍右脚屈膝的同时双手胸前平屈，2拍右脚迈向左前方，脚尖点地，双手上举做凤点头。3拍与1拍相同。4拍收回准备位。5—8拍与1—4拍动作相同，方向相反。

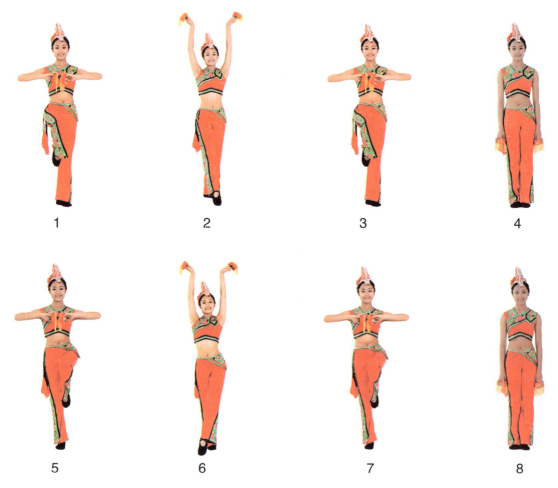

④ 与③动作相同，重复1遍。

【结束动作】1×8拍

1拍左脚开始向左侧小崴，手随身体自由小摆动。2拍右脚向左脚靠拢。3拍时稍微停顿，此时左手在左侧斜上举，眼看左手，右脚膝腿靠左脚，右手在右侧下方。4拍收回，右脚向左脚并拢，双手头上举。5—6拍脚上动作同4拍，双手侧平举。7拍右脚向右侧迈一步成侧弓步姿势，右手胸前屈肘，左手背于身后，眼看正前方，微下上腰。8拍保持7拍的姿势。

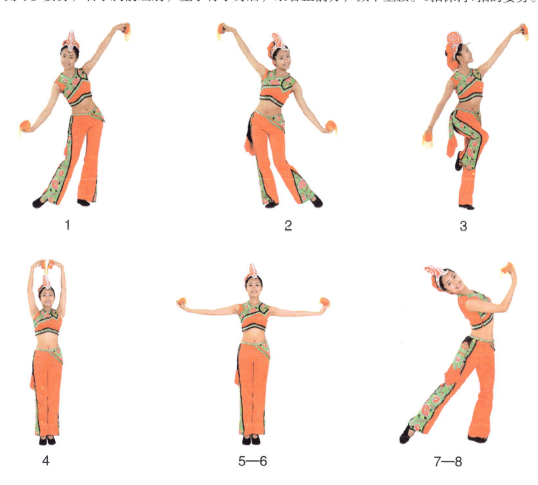

第八章

傣族健身操

第一节　傣族健身操概述

一、历史文化

　　傣族是我国云南省特有的少数民族之一，现有人口约126万，主要聚居在云南省的西双版纳傣族自治州、德宏傣族景颇族自治州、景谷傣族佤族自治县、新平彝族傣族自治县等。傣族有傣那、傣雅等多种自称，汉语称水傣、旱傣、花腰傣，服饰上有一些差别。傣族是一个具有悠久历史的少数民族，傣族在社会发展过程中，与属壮侗语系的壮族、侗族、水族、布依族、黎族等有着密切的渊源关系，都是"百越"民族的后裔。傣族在与各民族相互交往的过程中创造出了灿烂的民族文化。傣族人民能歌善舞，普遍爱好音乐。每逢喜庆节日或者迎接重要客人时，傣族人民就会敲起锣鼓，跳起欢乐的舞蹈，唱起优美的旋律，以表达美好的祝福。

　　傣族人信仰南传上座部佛教，60岁以上的人大部分都会参加受戒修行，不再杀生，而且参加每年3个月的"豪沙"（"豪沙"也叫"豪哇沙"，汉语：关门节），即到佛寺安居，诵经赕佛，直到去世。在西双版纳、景谷等地，傣族男子都要出家为僧一段时间，在佛寺内学习傣文、佛法、天文地理等知识。人们认为只有入寺做过和尚的人，才算有教化。因此，只有当过和尚的男子，才能得到姑娘的青睐。以前，家境好的小男孩七八岁便入佛寺，3~5年后还俗。当他们穿戴一新由亲人护送，在欢快的音乐声和众人欢笑声中进入佛寺，便自豪地认为已经开始得到了佛的庇护，能长大成材了。然后他们剃去头发，披上袈裟，开始平静地诵读经书，学习文化，自食其力。而在现在，因为9年义务教育，小男孩们便白天上学校学习汉语等科学知识，晚上在佛寺学习傣族文化，十分辛苦。也有的人读完中学或大学毕业之后参加工作，然后再请1周或1个月的假，入寺学习。回家后仍然算是"康朗"，即还俗的僧人。

二、风俗习惯

　　"泼水节"是傣族一年一度的传统节日，是傣族最隆重的节日，也是云南少数民族节日中影响最大，参加人数最多的节日。泼水节即傣历新年，也叫六月新年，因为傣族历法中新的一年是从六月开始计算的。节日来临之前，家家要缝新衣，买新伞，备办节日盛装。每个村寨都要制作高升、礼花、装饰龙舟，开展划船训练。青年人还要排练节目，准备歌舞表演。节日来临，要杀猪宰牛做年糕，准备丰盛的年饭，宴请亲朋好友。泼水节期间，傣族青年喜欢到林间空地做丢包游戏。花包用漂亮的花布做成，内装棉纸、棉籽等，四角和中心缀以五条花穗，是爱情的信物。青年男女通过丢包、接包，互相结识，等姑娘有意识地让小伙子接不着输了以后，小伙子便将准备好的礼物送给姑娘，双双离开，到僻静处谈情说爱去了。泼水节期间还要进行划龙舟比赛，比赛在澜沧江上举行。一组组披红挂绿的龙舟在"嘡、嘡、嘡"的锣鼓声中和"嗨、嗨、嗨"的呼喊和哨子声中，劈波斩浪，奋勇向前，把成千上万的中外游客吸引到澜沧江边，为节日增添了许多紧张和欢乐的气氛。泼水节的活动内容丰富，其他的还有放高升、斗鸡、跳孔雀舞等。人们身着盛装，喜气洋洋，场面极为热闹。

三、民族音乐、舞蹈

傣族人民勤劳勇敢，温柔善良，这是大家公认的。"水一样的民族"是对傣族人民性格的又一描述。他们礼貌温和、外柔内刚，有时似涓涓的细流，温柔而细腻；有时像大江的洪流，迅涌而澎湃。傣族的舞蹈也充分反映了这种丰富多彩的民族性格。舞蹈生动形象，动作多为动物形态的模拟和美化。傣族舞蹈种类繁多，形式多样，流行也很广，并各有特点。代表性舞蹈总的可分为自娱性、表演性和祭祀性三大类。

（一）自娱性舞蹈

自娱性舞蹈有"嘎光"、"戛秧"、"象脚鼓舞"、"耶拉晖"和"喊半光"等，其中最具代表性的是"嘎光"和"象脚鼓舞"。

象脚鼓舞在傣语叫"戛光"、"戛秧"或"烦光"（傣语称鼓为"光"，跳舞为"戛"）。"戛光"是傣族地区流行最广的男子舞蹈。每当栽秧后和丰收时节，就跳起象脚鼓舞以示欢庆。象脚鼓不仅是一种民间舞蹈的道具，也是伴奏其他舞蹈的主要乐器。傣族人民娱乐时，有舞必有鼓，有鼓必有舞。只有在象脚鼓的伴奏下，舞蹈才能跳得有声有色、酣畅尽兴。关于象脚鼓及其舞蹈的民间传说很多。据传，古时有一对夫妻劳动后在水潭边小憩，突然风把熟透了的芒果从树上吹落水中，发出"嘣—嘣"的响声，这声音给他们带来了欢乐。他们回家后，便依照大象脚的样子将树镂空，蒙上牛皮制成鼓。在赶摆时，他们背着鼓去跳舞，不久象脚鼓舞就传开了。又说：在很早以前，有两个驯养大象的小伙子依照大象脚的样子做成了象脚鼓。在《明史·百夷传》中也有"大小长皮鼓以手拊之"的记载。象脚鼓有长、中、小3种鼓形，根据鼓的形状有3种不同的跳法：第1种，长象脚鼓舞。主要流行在德宏傣族景颇族自治州瑞丽县、耿马的孟定、西双版纳傣族自治州一些地区和孟连一带。鼓身长2米左右，由于鼓身比较沉重，多为舞蹈伴奏用。舞时步伐缓慢、稳重，膝部起伏有力。鼓点最为丰富，已形成了一定的鼓语，能表达傣族人民喜、怒、哀、乐的心情。第2种，中象脚鼓舞。主要流行在潞西县、盈江县、耿马县、景谷县和西双版纳傣族自治州一些地区。鼓身长约1.5米，较轻便。主要特点是舞时要将鼓尾摆起来、甩起来。由于在鼓尾上束有一簇簇的孔雀羽毛，摆动起来十分好看。摆鼓就是让鼓尾左右晃动，甩鼓就是将鼓首向下压，使鼓尾向上甩。中象脚鼓舞不只是在节日跳，每年还有专门的赛鼓日子，以鼓音长短、音色好坏和鼓尾摆动大小为取胜标准。第3种，小象脚鼓舞。仅流行于西双版纳一带。鼓身长不到1米，舞蹈动作丰富，经常被用作孔雀舞的伴舞。舞蹈动作幅度较大，有吸腿跳、弹腿跳、撩腿等步伐。

"戛伴光"就是大家围着鼓转圈跳舞的意思。它是傣族人民中最普及、最盛行的集体舞。它不限地点、时间，几十人至几百人均可围成圆圈，按顺时针方向起舞。节日时通宵达旦，欢舞不息。舞蹈朴实热情，特点突出，妇女膝部的颤动较均匀，多顺手、顺脚地舞动。一般以"蹉步"、"起伏步"、"点步"、"弓箭步"等步伐为主。手的动作较简单，一般以自然手式在胸前交替向下绕腕或从腋下向上掏手。老年人在里圈起舞，老人的动作缓慢，膝部起伏明显，常以大幅度的前俯后仰来表达自己激动的心情，他们的动作任意自由发挥。而在圈外的年轻人，则要求动作统一整齐。戛伴光的特点是鼓点非常丰富。

（二）表演性舞蹈

表演性舞蹈有"孔雀舞"、"大象舞"、"鱼舞"、"蝴蝶舞"、"篾帽舞"等。

富饶美丽的傣乡，素来就有"孔雀之乡"的美称。每当晨曦微明或夕阳斜照时，常见姿态旖旎的美丽孔雀在开屏抖翅、翩然起舞。也正是由于如此，受着地理环境、宗教信仰、民族文化心理等因素的影响，孔雀在傣族人民心中是吉祥、幸福、美丽、善良的象征。每逢佳节，傣族人民都要云集一堂，观看由民间艺人表演的根据民间故事、神话传说，以及由佛经故事等编成的孔雀舞及表现孔雀习性的舞蹈。如根据神话故事《魔鬼与孔雀》而编演的孔雀舞至今在民间广为流传。舞蹈表现了魔鬼欲霸占孔雀为妻，人面鸟身的孔雀奋力抖动自己美丽的羽毛，那绚丽、灿烂的光芒使魔鬼兄弟双目失明，孔雀取得了胜利。关于孔雀舞的由来，在傣族人民中流传着许多动人的传说。相传在很久以前，傣族的领袖召麻粟带领4 000余人去寻找幸福，到了"来少勐"后，听到了水果掉进水中的声音和鱼吃水的声音，看到孔雀随着这动听的声音跳起优美的舞蹈。他们回来后，就模仿这些声音和孔雀的动作，以鼓、镲来伴奏，跳起孔雀舞。在一些古老的缅寺壁画和雕刻中，可以看到不少栩栩如生的人面鸟身的孔雀形象，这与头戴尖塔盔和假面具、身着孔雀服的孔雀舞扮相十分相似。明代《南诏野史》中也有关于孔雀舞的记载："婚娶长幼跳蹈，吹芦笙为孔雀舞……"，可见孔雀舞的历史源远流长。从舞蹈风格上可归纳如下3类：第一类为雄孔雀舞。民间多跳此舞。膝部起伏刚韧。舞姿有明显的"三道弯"特点。第二类为雌孔雀舞。在民间多由男子表演。舞者膝部起伏，柔韧缓慢，舞姿优美，动作细腻，并常有拱胸和肩的转动，体现其含蓄、妩媚的形态。鼓点轻盈、缓慢。第三类为小孔雀舞，常采用快速的小颤和保持半蹲状态的矮步，舞者小腿灵活轻巧，常用连续的小耸肩。鼓点快速而轻巧。

傣族人民把孔雀视为吉祥鸟，因此孔雀舞成了傣族最具代表性的舞蹈。在孔雀舞的表演中，时而节奏缓慢单一，动作舒展，感情内在含蓄；时而节奏快速多变，动作灵活跳跃，感情狂放而豪爽。其刚柔相济、动静配合等特有的表演风格深受广大群众所喜爱。傣族舞蹈以特有的屈伸动律而形成手、脚、身体"三道弯"的造型特点，最常见的手式有掌式、孔雀手式（拇指稍向里扣，食指屈回，其余3指如扇形翘起）、眼式（食指与拇指稍靠拢，其余3指如扇形翘起）等。步伐有踮步 、"起伏步"（动力腿由脚跟带动向臀部踢起后全脚掌落地，主力腿随之屈、伸）等，动作大多婀娜多姿，节奏较为平缓，但外柔内刚，充满着内在的力量。

（三）祭祀类舞蹈

祭祀类舞蹈更是多种多样。元阳县的傣族村寨流传的"祭祀鼓舞"是在祭祖活动时，以鼓为伴奏，师娘在祭台上边唱边舞，群众在台下自由舞动，动作较简单。石屏县的傣族居住地有"跳龙舞"，是在祭龙树活动中进行的。

第二节　傣族健身操成套技术动作

创编　寸亚玲

傣族健身操以小关节活动为主，动作柔中带刚，强调使用内力，多采用正面起伏步伐，即重拍向下沉，慢慢地沉，向下走要均匀，脊椎要垂直，蹲的时候不能前倾也不能后仰，脊椎对着脚后跟下沉；向上提的时候要缓慢，和下垂时一样。脚部的正步起伏为：当身体下沉的时候都有抬腿动作，勾回来的时候膝盖不能向前顶，一定要垂直向后踢腿，而且是勾脚，每当踢起时都要迅速，动作要干净，还要配合呼吸；当腿向后踢的时候上身有点左右起伏，不能垂直起伏；起左腿的时候出右胯，起右腿的时候出左胯，这个动作在傣族舞中是非常重要的。音乐选用了富有傣族特点的民间传统乐曲，使整套操充满了亲和力，强烈的鼓点配以现代音乐节奏又展现出青春的律动。整套操节奏明快，动作简洁有力，体现了健、力、美的完美结合，充分体现了傣族舞蹈的特点。本套操采用重拍向上和不均匀的节奏处理，优美、含蓄、轻盈、稳健，配以协调的左右摆动，以舒缓、动感节奏相交融，活泼、优美，给人以轻松愉快之感。本套操由16组共60×8拍动作组成，成套动作时间为3分50秒，运动量属中、小负荷，适宜不同年龄人群锻炼。

傣族健身操常见的手形有以下几种。

1. 掌式　如下图所示。

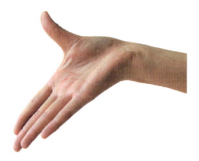

2. "嘴"形和"爪"形　如下图所示。

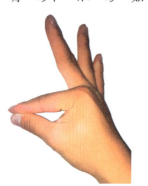

"嘴"形　　　　　　　　　"爪"形

3. "冠"形　如下图所示。

成套动作共60×8拍

【前奏】4×8拍

① 面向一点，站立不动，听音乐。

1—8

② 1—4拍双手同时从内绕至前上举至胸前，双手手心向上。5—6拍同时匀速向正前方下滑至侧平举，掌心向前。7—8拍两手交叉至胸前，掌心向外。

1　　　　　　　　　　2　　　　　　　　　3—4

5　　　　　　　　　　　6　　　　　　　　　　7—8

③ 1—4拍左手由掌变拳，立大拇指，屈肘交叉于胸前。5—8拍两手从体侧收回于腰间胯前，手心向下（按掌），做屈膝半蹲动作。

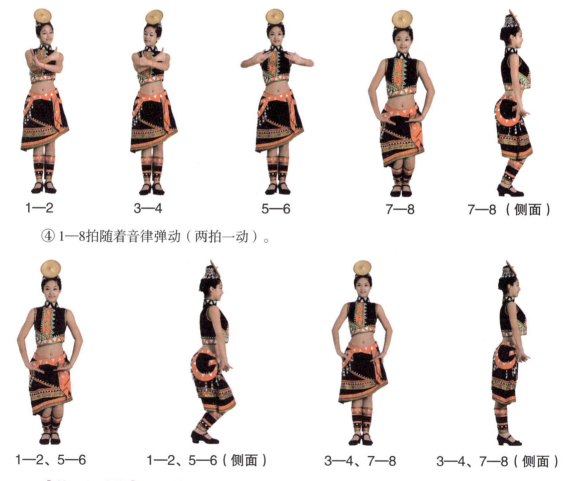

1—2　　　　3—4　　　　5—6　　　　7—8　　　7—8（侧面）

④ 1—8拍随着音律弹动（两拍一动）。

1—2、5—6　　1—2、5—6（侧面）　　3—4、7—8　　3—4、7—8（侧面）

【第一组动作】4×8拍

① 1—2拍右脚后踢腿（快提慢落），做傣族踏步向前走（两拍一动）。3—4拍换成左脚后踢腿（快提慢落），做傣族踏步向前走（两拍一动），手收在腰间，两手在体侧，手心向

下（按掌）。5—8拍与1—4拍动作相同，重复1遍。此组动作由右边开始交替做4次，第8拍收回。

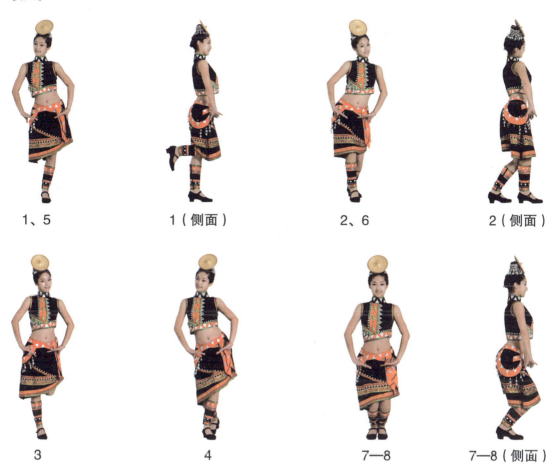

1、5　　　　　1（侧面）　　　　　2、6　　　　　2（侧面）

3　　　　　4　　　　　7—8　　　　　7—8（侧面）

② 与①动作相同，方向相反，右脚向后退，两拍一动，手收在腰间，两手在体侧手心向下（按掌）。5—8拍与1—4拍动作相同，重复1遍。此组动作由右边开始交替4次，第8拍收回。

1　　　　　2　　　　　3　　　　　4

③ 1—2拍从右脚开始后踢腿（快提慢落），做傣族踏步（两拍一动），出右脚时手收在腰间，两手在体侧握拳，拇指外伸。3—4拍换成左脚，动作同前，两手由体侧内翻至腰间，掌心向下（脚上做傣族踏步）。5—8拍与1—4拍动作相同，重复1遍。此组动作由右边开始交替做4次，第8拍收回。

1—2　　　　3—4　　　　5—6　　　　7—8

④ 1—2拍从右脚开始后踢腿（快提慢落），做傣族踏步（两拍一动），出右脚时手收在腰间，两手在体侧握拳，拇指外伸。3—4拍换成左脚，动作同前，两手在体侧外翻经胸前至髋关节前，掌心向下（脚上做傣族踏步）。5—8拍与1—4拍动作相同，重复1遍。此组动作由右边开始交替做4次，第8拍收回。

1—2　　　　3—4　　　　5—6　　　　7—8

【第二组动作】4×8拍

① 1—2拍右脚开始向右迈步，同时两手握拳，拇指外指，于体侧外翻，同时头向左斜后方向看。3—4拍左脚迈在右脚前，右脚尖点地，同时由拳变掌交替，右胳膊弯曲在体侧，掌心向外，左手压于左体侧，掌心向下，胳膊弯曲，身体向2点方向。5—6拍与1—2拍动作相同。7—8拍与3—4拍动作相同。此组动作由右边开始交替做4次，两拍一动。

| 1—2 | 3—4 | 5—6 | 7—8 |

② 1—2拍左脚开始向左迈步，同时两手握拳，拇指外指，在体侧外翻，同时头向右斜后方向看。3—4拍右脚迈在左脚前，左脚尖点地，同时由拳变掌交替，左胳膊弯曲在体侧，掌心向外，右手压于右体侧，掌心向下胳膊弯曲，身体向8点方向。5—6拍与1—2拍动作相同。7—8拍与3—4拍动作相同。此组动作由左边开始交替做4次，两拍一动。

| 1—2 | 3—4 | 5—6 | 7—8 |

③ 动作与①动作相同，重复1遍。
④ 动作与②动作相同，重复1遍。

【第三组动作】5×8拍

① 1—2拍右脚向右迈步，同时两手握拳，拇指外指，于体侧外翻。3—4拍左脚脚尖点地，在右脚前，同时两手弯曲侧平举于体侧，掌心向外。5—8拍与1—4拍动作相同，方向相反，由左脚开始。

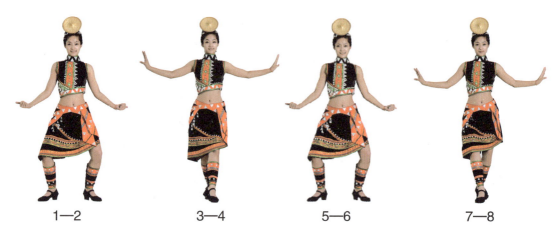

② 1—2拍右脚向右迈一步，同时两手从体前由内向外交叉、划圆置体侧。3—4拍左脚向右脚前迈一步，点地，同时两手成孔雀指重叠在体前，左手在上，右手在下，身体向2点钟方向。5—8拍与1—4拍动作相同，方向相反。

③ 1—2拍左脚向左迈步，同时两手握拳，拇指外指，于体侧外翻。3—4拍右脚脚尖点地在左脚前，同时两手弯曲侧平举于体侧，掌心向外。5—8拍与1—4拍动作相同，方向相反，右脚开始。

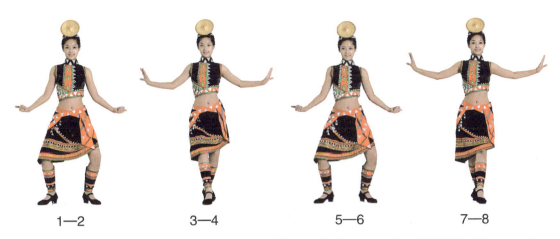

　　④ 1—2拍右脚向右迈一步，同时两手从体前由内向外双手交叉划圆置体侧，3—4拍左脚向右脚前迈一步点地，同时两手成孔雀指重叠在体前，左手在上，右手在下，身体面向2点钟方向，5—8拍与1—4拍动作相同，方向相反。

　　⑤ 1—2拍右脚向右迈一步，同时两手握拳，拇指外置于体侧外翻。3—4拍左脚提膝，撤于右脚后方。5—6拍左脚尖点地，同时两手经前分开，右手三道弯于右上举，左手三道弯于体前屈，身体面向8点方向。7—8拍保持姿势，身体弹动，收回准备姿势。

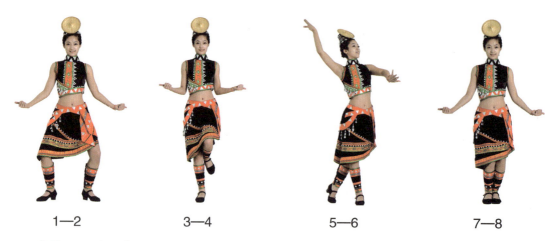

1—2　　　　　　3—4　　　　　　5—6　　　　　　7—8

【第四组动作】4×8拍

① 1—2拍右脚开始向前做跑垫步，两手在体前从内经腹部向上交叉，置于身体两侧，右手经体前向右侧方屈伸，掌心向上，左手在左侧，掌心向下，同手同脚。3—4拍与1—2拍动作相同，方向相反。5—8拍与1—4拍动作相同，重复1遍。

1—2　　　　　　3—4　　　　　　5—6　　　　　　7—8

② 1—4拍右脚开始向右侧后方，转体360°，同时右手上举，掌心向上做小舞花，左手放在左侧腰际，掌心向下。5—8拍与1—4拍动作相同，方向相反。

1　　　　　2　　　　　3　　　　　4 ········· 4

| 5 | 6 | 7 | 8 | 8 |

③ 1—2拍右脚开始向后做跑垫步,两手在体前从内经腹部向上交叉置身体两侧,右手经体前向右侧方屈伸,掌心向上,左手在左侧掌心向下,同手同脚。3—4拍与1—2拍动作相同,方向相反。5—8拍与1—4拍动作相同,重复1遍。

| 1—2 | 3—4 | 5—6 | 7—8 |

④ 与①动作相同,重复1遍。

【第五组动作】4×8拍

① 1—2拍上右脚,同时两手从前平举、掌心向下到收于腰际、两侧掌心向下。3—4拍跟左脚的同时,两手在体前屈肘交叉,握拳,立大拇指。5—6拍收回右脚的同时,两手侧平举,同样握拳,立大拇指。7—8拍收回左脚,双手经前平举收回,掌心向下。

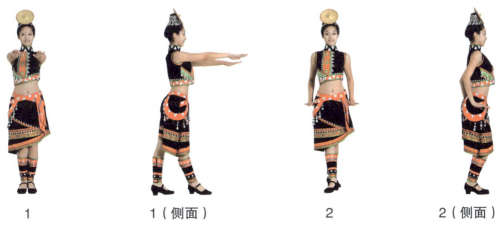

| 1 | 1(侧面) | 2 | 2(侧面) |

第八章　傣族健身操

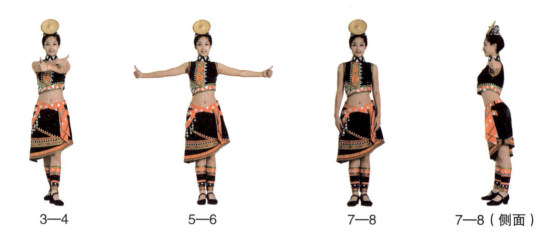

3—4　　　　　　　5—6　　　　　　　7—8　　　　　　7—8（侧面）

② 与①动作相同，但此时是一拍一动，重复做4次。

③ 1—2拍右转90°，左脚在前，脚跟前点地，右脚屈膝在后，右手上举掌心向前，左手在体侧屈臂按掌，掌心向下，做振背扩胸动作。3—4拍经前平举掌心向下，收回准备姿势。5—6拍与1—2拍动作相同，方向相反。7—8拍与3—4拍动作相同，收回。

1—2　　　　　　　3—4　　　　　　　5—6　　　　　　　7—8

④ 与③动作相同，但此时是一拍一动，重复做4次。

【第六组动作】4×8拍

① 1—2拍面向3点方向，迈右脚，两手在体侧握拳，立大拇指，拳心向上。3—4拍迈左脚，与右脚并立，同时双手前平举，两腕关节相靠，掌心向外。5—6拍与1—2拍动作相同。7—8拍与3—4拍脚下动作相同，双手上举两腕关节相靠，掌心向外。

②、③、④与①动作一样，4个方向各做1次（3点→5点→7点→1点方向）。

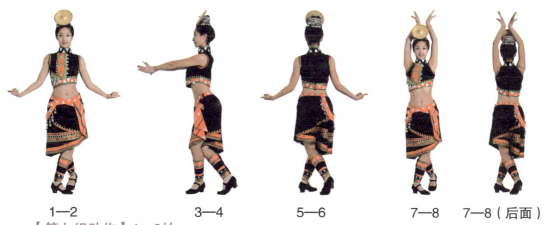

1—2　　　　3—4　　　　5—6　　　　7—8　　7—8（后面）

【第七组动作】4×8拍。

① 1—4拍迈右脚向前，左右脚交替向前走，两脚踏步，两手身后做波浪起伏动作。第4拍停在右侧，重心落在右脚。5—8拍与1—4拍动作相同，方向相反。

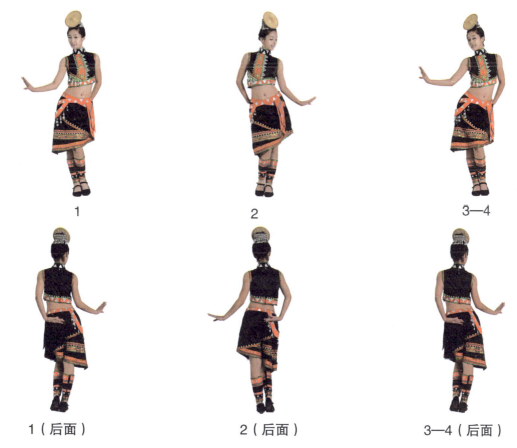

1　　　　　　　　2　　　　　　　3—4

1（后面）　　　2（后面）　　　3—4（后面）

② 1—2拍两脚做开合跳的跳开动作，膝盖弯曲，双手上举，贴住耳朵，手腕相靠，掌心向外。3—4拍两脚做跳合动作，收手在体侧，按掌，掌心向下。5—8拍与1—4动作相同，一拍一动，重复2次。

1—2、5、7　　　　　　　　3—4、6、8

③ 1—4拍迈左脚向后，左右脚交替向后走，两脚踏步，两手身后做波浪起伏动作。第4拍停在左侧，重心落在左脚。5—8拍与1—4拍动作相同，方向相反。

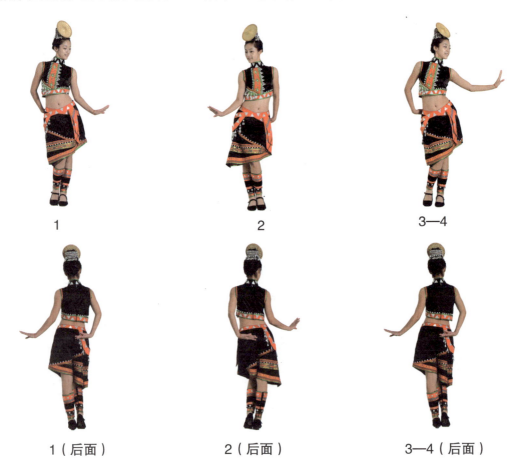

1　　　　　　　　2　　　　　　　　3—4

1（后面）　　　　2（后面）　　　　3—4（后面）

④ 与②动作相同，重复1遍。

【第八组动作】4×8拍

① 1—2拍右脚向右迈1步，与肩同宽，同时两手在身体正前方击掌1次，3—4拍左脚右

脚并拢，同时两手拉开，置两侧腰间。5—6拍右脚向右迈1步，与肩同宽，同时两手经体前向两侧分开至髋旁，掌心向外，肘关节内夹。7—8拍右脚不动，左脚向后做后背腿，同时右手五指分开放在背后，左手五指分开放在腹前，掌心向内（两拍一动）。

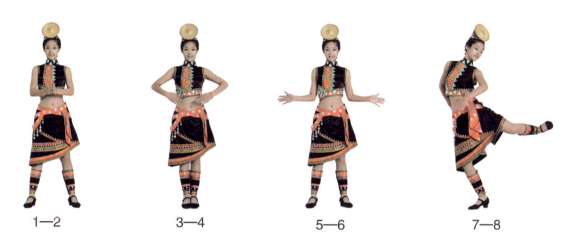

1—2　　　　　3—4　　　　　5—6　　　　　7—8

② 1—2拍左脚向左迈一步，与肩同宽，同时两手在身体正前方击掌1次。3—4拍右脚左脚并拢，同时两手拉开，置两侧腰间。5—6拍左脚向左迈一步，与肩同宽，同时两手经体前向两侧分开至髋旁，掌心向外，肘关节内夹。7—8拍左脚不动，左脚向后做后背腿，同时右手五指分开放在背后，左手五指分开放在腹钱，掌心向内（两拍一动）。

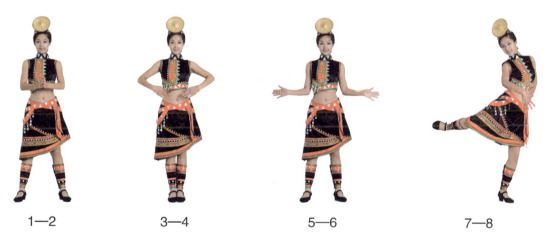

1—2　　　　　3—4　　　　　5—6　　　　　7—8

③ 与①动作相同，重复1遍。
④ 与②动作相同，重复1遍。

【第九组动作】1×8拍

① 1—2拍从右脚开始向前后踢腿跑，同时右手在体侧屈肘平举，掌心向上，左脚同时跟上右脚并小点一次，左手在左侧腰际，掌心向下。3—4拍与1—2拍动作相同，方向相反。5—8拍与1—4拍动作相同，重复1遍。

第八章　傣族健身操

1　　　　　　　　2　　　　　　　　3　　　　　　　　4

【第十组动作】4×8拍

① 1—2拍左脚开始向前做垫步跑，两手在体前从内经腹部向上交叉，左手向左侧方屈伸，掌心向上，右手在右侧，掌心向下，同手同脚。3—4拍与1—2拍动作相同，方向相反。5—8拍与1—4拍动作相同，重复1遍。

1—2　　　　　　3—4　　　　　　5—6　　　　　　7—8

② 1—4左脚开始向左侧后方转体360°，同时左手上举，掌心向上做小舞花，右手放在右侧腰际，掌心向下。5—8与1—4动作相同，方向相反。

1　　　　　　　2　　　　　　　3　　　　　　4··············4

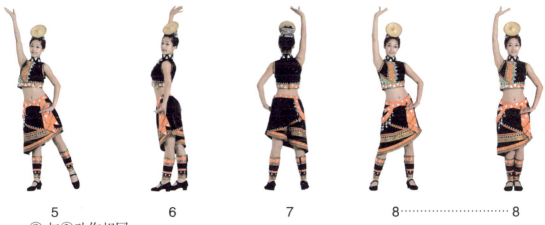

| 5 | 6 | 7 | 8·················8 |

③ 与①动作相同。
④ 与②动作相同。

【第十一组动作】 4×8拍

① 1—2拍上右脚，同时两手从前平举，掌心向下收于两侧腰际，掌心向下。3—4拍跟左脚的同时，两手在体前屈肘交叉握拳立大拇指。5—6拍在收回右脚的同时两手侧平举同样握拳立大拇指，7—8拍收回左脚，双手前平举掌心向下。

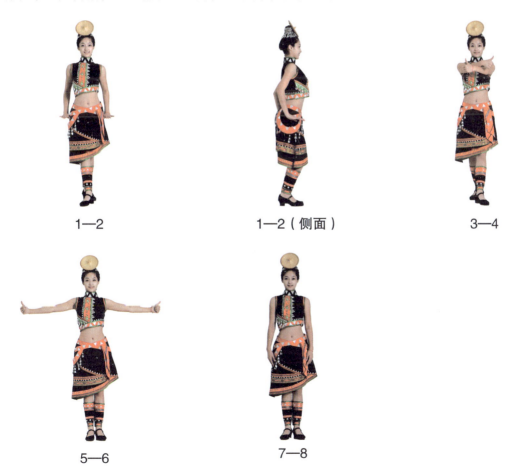

| 1—2 | 1—2（侧面） | 3—4 |

| 5—6 | 7—8 |

第八章　傣族健身操

② 与①动作相同，但此时是一拍一动，重复做2遍。

③ 1—2拍左转90°，左脚在前，脚跟前点地，右脚屈膝在后，右手上举，掌心向前，左手在体侧直臂按掌，掌心向下，做振背扩胸动作。3—4拍收回准备姿势。5—6拍与1—2拍动作相同，方向相反。7—8拍与3—4拍动作相同。

1—2　　　3—4　　　5—6　　　7—8

④ 与③动作相同，但此时是一拍一动，重复2遍。

【第十二组动作】4×8拍。

① 1—2拍面向7点方向，迈左脚，两手在体侧握拳，立大拇指，拳心向上。3—4拍迈右脚与左脚并立的同时，双手前平举，两腕关节相靠，掌心向外。5—6拍与1—2拍动作相同。7—8拍与3—4拍脚下动作相同，双手上举，两腕关节相靠，掌心向外。

②、③、④与①动作一样，4个方向各做1次（7点→5点→3点→1点方向）。

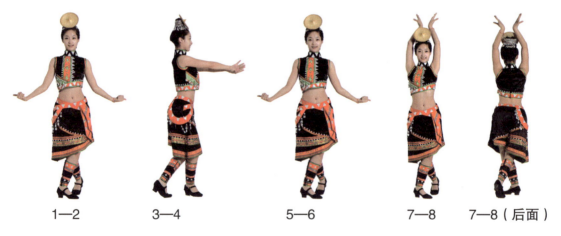

1—2　　　3—4　　　5—6　　　7—8　　　7—8（后面）

【第十三组动作】4×8拍

① 1—4拍迈左脚向前，左右脚交替向前走，两脚踏步，两手身后做波浪形动作。第4拍停在左侧，重心落在左脚。5—8拍与1—4拍动作相同，方向相反。

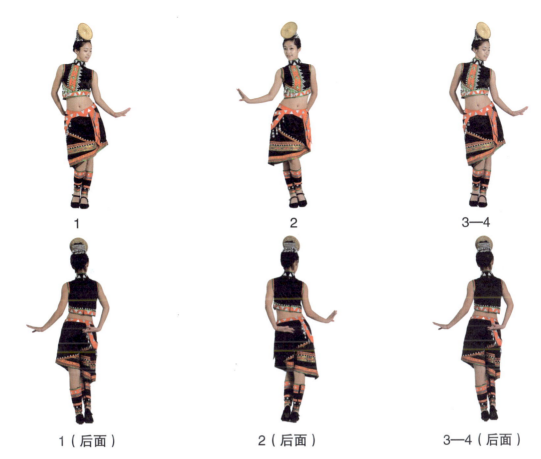

② 1—2拍两脚做开合跳的跳开动作，膝盖弯曲，双手上举，贴住耳朵，手腕相靠，掌心向外。3—4拍两脚跳合，收手在体侧，按掌，掌心向下。5—6拍与1—2拍动作相同。7—8拍与3—4拍动作相同。

第八章　傣族健身操

③ 1—4拍迈左脚向后，左右脚交替向后走，两脚踏步，两手身后做波浪状动作。第4拍停在左侧，重心落在左脚。5—8拍与1—4拍动作相同，方向相反。

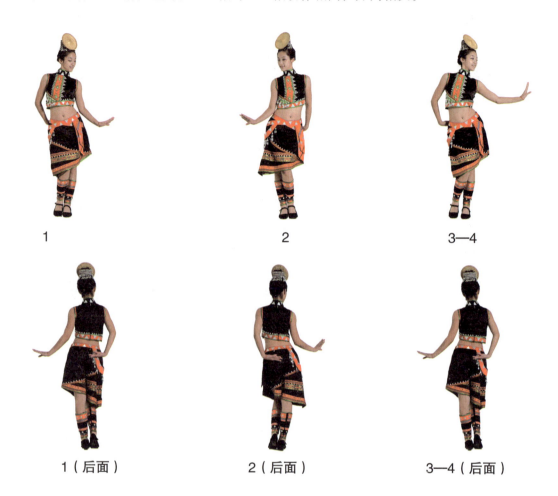

1　　　　　　　　　2　　　　　　　　　3—4

1（后面）　　　　　2（后面）　　　　　3—4（后面）

④ 与②动作相同，重复做1遍。

【第十四组动作】4×8拍

① 1—2拍左脚向左迈一步，与肩同宽，同时两手在身体正前方击掌1次。3—4拍右脚向左脚并拢的同时，两手拉开，置于两侧腰间。5—6拍左脚向左迈一步，与肩同宽，同时两手经体前向两侧分开至髋旁，掌心向外，肘关节内夹。7—8拍左脚不动，右脚向后做后背踢，同时左手五指分开放在背后，右手五指分开放在腹前，掌心向内（两拍一动）。

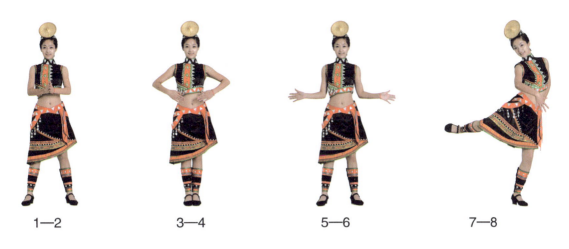

1—2　　　3—4　　　5—6　　　7—8

② 与①动作相同，方向相反，换右脚做。

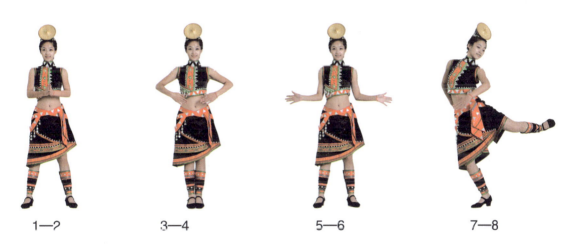

1—2　　　3—4　　　5—6　　　7—8

③ 与①动作相同，重复做1遍。
④ 与②动作相同，重复做1遍。

【第十五组动作】1×8拍

① 1—4拍两脚交替向前做后踢腿跑，左脚开始，同时两手交替在提前相交分开置两侧，左手掌心向上，右手掌心向下，左手掌心向上稍有停顿，右脚离地，5—8拍同1—4拍换右边做，动作相同。

1　　　　　　　2　　　　　　　3　　　　　　　4

【第十六组动作】1×8拍

① 1—2拍左脚做跨步，同时双手收于腰际，握拳，立大拇指。3—4拍右脚向右，屈膝，脚尖点地，左脚微曲，向左侧顶髋，右手侧平举，掌心向外，左手在体侧按掌，掌心向下。5—6拍右脚做跨步，同时双手收于腰际，握拳，立大拇指。7—8拍左脚向左，屈膝，脚尖点地，右脚微曲，向右侧顶髋，左手上举，掌心向上，右手在体侧按掌，掌心向下结束。

1—2　　　　　3—4　　　　　5—6　　　　　7—8

第九章

白族健身操

第一节　白族健身操概述

一、历史文化

白族是我国西南边疆的一个少数民族，属云南省特有民族，主要分布在云南省大理白族自治州、丽江、保山、南华、昆明、安宁等地。贵州毕节、四川凉山、湖南桑植县等地亦有分布，其中云南省白族人口约为156.1万。

在浩瀚的历史长河中，白族先民不断吸收和借鉴其他民族的优秀文化，形成了光辉灿烂的白族文化。4 000多年前的新石器时代，白族先民就在以苍山、洱海和滇池为中心的地区生息繁衍，创造了早期的稻作文明，过着农耕、渔猎、游牧混合生存模式的生活。在大致与战国相当的时期，白族产生了第一个国家雏形——白子国（亦称白国）。从春秋至唐初，白族先民的对外商贸交流活动日益频繁，华夏文明、古印度文明两大文明由此传播到洱海地区。白族先民不断学习借鉴，于是具有梵、汉特色的白族文化初步形成。唐朝时期，由于政治原因南诏国崛起。作为一个强大的政治势力，南诏国对周边部落进行了统一，消除了文化差异，促进了民族融合。南诏国中期佛教从印度传来，南诏国王对佛教的推广为白族以佛教和本主教作为主要宗教信仰的模式奠定了基础。宋朝大理国的繁荣使白族的影响延伸到云南的大部分地区。虽然元明清时期白族的发展缓慢，文化受外来冲击较大。但是，中华人民共和国成立后，实行宽松平等的民族政策，白族的民族意识在濒临灭绝的条件下死而复生，得到一定程度的强化和恢复，白族的优秀传统文化得到了挖掘和传承保护。

二、民族音乐、舞蹈

历经坎坷的白族先民为中华民族留下了许多优秀的文化遗产。南诏有自己的历法，明代白族学者周思濂所著《太和更漏中星表》以及李星炜的《奇验方书》等，都是总结了古代天文和医学的代表作。白族在艺术方面独树一帜，其建筑、雕刻、绘画艺术名扬古今中外。由古典戏曲"吹吹腔"发展而来的"白剧"，具有鲜明的民族特色。唐朝时的南诏歌舞即已流行到中原并被列为宫廷乐舞。古代白族有音乐与舞蹈相结合的踏歌。南诏白族诗人杨奇鲲的《途中》、杨义宗的《题大慈寺芍药》、《洞云歌》等被称为"高手"佳作，收入《全唐诗》中。南诏有名的《狮子舞》在唐朝时已传入中原，《南诏奉圣乐》在唐朝宫廷里被列为唐代音乐14部之一。

翻开历经千年的历史卷轴，我们发现勤劳智慧的白族人们不仅善于学习汉族先进的文化，同时还与其他少数民族一起创造出了许多灿烂、神奇的文化财富，包括许多优秀的民族舞蹈。这些民族、民间舞蹈在表演形式、动作姿态、风格特点等方面都各具特色，仅流行于大理市的群众性民俗活动"绕三灵"中就有"植树舞"、"霸王鞭"、"金钱鼓"、"双飞燕"等多种舞蹈；又如云龙、剑川、碧江和洱源等地的白族舞蹈粗犷大方，古朴明快，这些都是宝贵的文化艺术遗产。白族舞蹈不仅种类繁多，而且与白族的历史一样源远流长。

最早发现描述白族舞蹈的文献是唐朝樊卓的《蛮书》，其中《蛮夷风俗第八》载："少年子弟暮夜游行闾巷，吹葫芦笙，或吹树叶，声韵之中寄情言，用相呼召。"这种习俗在后面各个朝代的名家诗句中都有记载，很可能是当时白族人的一种青年男女互相示爱的节庆活动。白族舞蹈大多都在大型的民俗活动中进行，最具代表性的民俗活动是"绕三灵"、"闹春王正月"、"田家乐"，这些民俗活动不仅为民间舞的表演提供了场地，同时又为民间舞的保存、发展、完善与群众化创造了条件。

1. "龙狮舞" 是白族一种古老的舞蹈。白族地区古代湖泽遍布，不仅龙的神话传说很多，而且雕梁画栋多有龙的图纹。显然，白族同汉族一样，赋予龙一种具有浪漫色彩的艺术形象，寄托人们美好的愿望。白族的"龙舞"从造型到演练都独具特色。过去剑川白族求雨时"龙舞"的龙是用柳枝扎成的。青枝绿叶的龙边舞边走街串巷，到各家门口时，人们便将水泼于龙身，以祈求雨水。大理白族的龙舞中龙头、龙身和龙尾并不连接在一起，舞动时动作幅度可以很大，远看却浑然一体，别有一番风味。

2. 霸王鞭 活跃在白族民俗活动中最普遍的是"霸王鞭"，在建房、娶嫁等庆典活动中也会看到"霸王鞭"的表演。对于霸王鞭的起源众说纷纭，白族民间艺人认为霸王鞭起源于南诏兵器、警军器；源于大理国杵丧棒、祭盘；起源于部落战争以及模仿栽秧说、汉楚相争时兵器说等多种民间传说。也有传说是由明代"改土归流"时传进云南的"连厢"演变而来。20世纪80年代，大理州赴湖南桑植白族乡祝贺团曾在桑植看到800多人组成的霸王鞭舞，当地白族人叫"九珠鞭舞"。据大理州民族歌舞团目睹者称："九珠鞭舞从道具、节奏到动作都跟大理霸王鞭如出一辙。"相传忽必烈征服大理国后，在大理征去数万兵士进攻南宋，后来部分兵士留在了湖南桑植繁衍生息，两地白族人不约而同地将霸王鞭流传下来，可以说明白族霸王鞭的历史非常久远。

白语称霸王鞭为"搭哇别"译为"大王霸"，或"得且嘎"译为"打钱杆"、"的度靴"，是模仿霸王鞭响声的拟声词。霸王鞭俗称"连厢"、"花棍"、"金钱棍"等，由约1米长的空心竹或扁形木条制成，凿约10厘米长的4~5个孔，每孔内装2组铜钱，每组用2~3枚。4个方形长孔象征四季；孔中嵌入的铜钱数目分别表示12个月或二十四节气。霸王鞭轻巧灵活，摆动时带有一种强有力的声音，易产生节奏感和美感，深受白族女子喜爱，成为白族著名的舞蹈之一，与仗鼓舞、花灯舞合称为白族三朵艺术奇葩。

舞蹈时用霸王鞭围绕身体的主要关节碰击发出的响声和由此引动上身的拧、摆和小腿的变化和双脚的跳动，形成各式各样的舞姿和动作。舞动过程中须击打或碰击地面、脚、膝、胯、肩、肘、手掌部位。舞蹈既刚毅矫健又婀娜多姿。舞蹈热情、开朗、豪放、潇洒，情绪高昂时，舞蹈随着音乐节奏变快，动作亦更加奔放热烈。打霸王鞭是白族人民十分喜爱的，有利于身心健康的群众性活动，在民族节日期间，几乎在各个村寨都能看到男女老少在尽情地打霸王鞭和跳八角鼓舞。

白族霸王鞭有各种套路，打法名目繁多，计有百种。一个套路最少4拍，最多36拍，用唢呐、竹笛或三弦伴奏，动作连贯自如，刚毅矫健，通常与八角鼓、双飞燕相配合，组成"心合心"、"背靠背"、"脚勾脚"等舞蹈动作，并打出"一条龙"、"四梅花"、"劈四门"、"满天星"等队形图案。金钱鼓又叫八角鼓，是一种六角形的手鼓，鼓的一面绷有羊皮，每角钉有铁钉，拴上铜钱，敲打时发出的声音比霸王鞭更为奔放。双飞燕用4块竹片做成，饰以彩带，双手各握两片，向身体各部位敲击，动作舒展矫健，铿锵有致。一般男子舞金钱鼓、双飞燕，女子舞霸王鞭。白族青年男女跳的霸王鞭节奏鲜明、活泼热烈，常常带有竞技比赛的成分。这种类型的霸王鞭动作组合复杂多变，动作幅度大、力量强，具有一定的技术难度。老年人的霸王鞭则沉稳、庄重，动作规范、考究，富有雕塑感。舞者随着霸王鞭、八角鼓在身体各部位敲击的节奏，双膝轻轻颤动，肩、胸、腰随之晃动，并唱各种小调，同时还有笛子或三弦伴奏。霸王鞭舞是一种集体舞蹈，人数少则10人以下，多则十几人、数十人不等，甚至也有多达数百人齐跳的，但必为双数。舞蹈的步伐、队形变化多样，节奏明快，气氛热烈欢快。霸王鞭舞队还常常集中起来进行竞赛性的表演，以动作整齐、花样出新者为胜。除大理"绕三灵"中的霸王鞭外，洱源县的"闹春王正月"与"田家乐"中的霸王鞭，以及剑川的石龙霸王鞭、云龙霸王鞭和宾川霸王鞭都各具特色。

（1）大理霸王鞭：流行于大理市的喜洲、下关、海东等地，常在春节、火把节、三月街、本主庙会和其他各种民族节庆活动中表演。其中以每年农历4月的"绕三灵"中的霸王鞭队伍最为隆重。"绕三灵"期间的霸王鞭通常有金钱鼓、双飞燕同场搭配。3种不同道具的组合、呼应及其变化协调是大理霸王鞭区别于其他地区霸王鞭的主要特征。在以前"绕三灵"期间，各村的白族群众以村为单位，抬着本村敬奉的本主雕像"神桥"，高擎五色幡旗和"万民伞"开道。其后为跳"执树舞"插科打诨的老者、鼓乐班子和执扇唱民歌的表演者。霸王鞭、金钱鼓、双飞燕合成的队伍是各村"绕三灵"队的重要组成部分。队伍经由"佛都"（三塔寺）至"神都"（圣源寺）到"仙都"（金圭寺）。沿途绕山环水，并在各个寺庙进行娱神、敬神的表演活动。圣源寺一带是"绕三灵"活动的主要场所，也是霸王鞭队伍进行赛歌、赛舞、竞技和交流的地方。

（2）洱源霸王鞭：在大理洱源县流传甚广，各个村寨的白族男女老幼都能跳上几套霸王鞭。明代徐霞客在《徐霞客游记》中曾提到洱源凤羽土司伊忠两次"以鼓乐为胡舞，曰'紧急鼓'"招待他。当地艺人说，很早以前洱源的霸王鞭也是与金钱鼓搭配而舞的，只是民国以后才与金钱鼓分开。洱源霸王鞭一般不表现什么具体内容，主要表现欢快、热烈的情绪，大多穿插在"田家乐"、"闹春王正月"、"采茶花"和"本主节"等各种民族传统节日和民俗活动中表演。歌舞的唱词大多为逗趣、取乐的词句。这一带的霸王鞭集体舞有很多传统队形和约定俗成的名称，如背花、打过街、滚地龙、打四门、一条龙、面花等，它们既是队形的名称，也是套路、跳法的名称。这类自娱性霸王鞭灵活性大，适应性强，可以在任何空旷场地表演。参与者的年龄不限，人数不限，但必须是偶数，一般不少于4人。洱源霸王鞭的动作特点为规范、整齐，节奏复杂多变。一般结构样式为由稳重到欢快，再变为激烈。

（3）剑川石龙霸王鞭：流行于大理剑川县石龙村。此类霸王鞭需要3人表演。表演时由一男性独舞霸王鞭，另一人弹白族龙头三弦伴奏，第三人伴唱专门的曲调，并打竹板，敲击节奏。如多人一起参与，可围成圆圈或在场地四角表演。此地与其他地区霸王鞭的不同在于持霸王鞭的后端，这种方法延伸了表演者的手臂动作，扩大了表演空间，于是形成了以"甩"为主，兼有绕环的动作特征。石龙霸王鞭保存着带有宗教色彩名称的套路，如"观音扫地"、"童子拜佛"等，这类动作套路强调对比，传统形式较强。

（4）云龙霸王鞭：是流行于大理云龙县一带的一种男性双人参与的舞蹈。这类霸王鞭不用乐器伴奏，而是参与者自唱、自舞。其中一人持霸王鞭主唱、主舞，另一人双手各持一根"交板",边舞边敲打节拍。云龙霸王鞭主要是春节期间在广场或戏台上表演,有时也到农户家中作为庆贺进行演出。在以前,春节演出时,表演者需要按老规矩烧香祈祷后方可演出。表演者一人扮成老人,一人扮成小丑,两人穿白族服饰或"吹吹腔"戏装表演。据说,云龙霸王鞭在春节时表演是为祈求一年四季平安、五谷丰登,并为父老乡亲恭贺新春。

第二节　白族霸王鞭健身操成套技术动作

创编　寸亚玲

　　白族霸王鞭健身操是根据流传于大理白族地区"绕三灵"节日中的一项主要活动"霸王鞭"改编而成的。主要打法有"背靠背"、"心合心"、"打一条街"、"打面花"等。随着舞动,霸王鞭会发出节奏鲜明而清脆的响声。舞霸王鞭有一定的运动量和技巧性。扭、摆、崴、跳等主要动作能使四肢、腰腹、肩背乃至全身都得到锻炼。本套操由10组共56×8拍+12拍动作组成,成套动作完成时间为3分30秒。音乐选用白族民间乐器唢呐配以大家熟悉的《大本曲》曲目配制合成。整套操节奏明快、动作简练、有力度,聚民族性、传统性、健身性、观赏性寓一体。运动量属中等,较适宜中青年锻炼人群。霸王鞭可采用类似器械替代。

　　器械:霸王鞭,如下图所示。

成套动作共56×8拍+12拍

【前奏】4拍+2×8拍+4拍

1—2拍听节奏。3—4拍从右手握鞭过渡到双手握鞭。

准备姿势　　　　　　　　　1—2　　　　　　　　　　3—4

① 1—8拍右脚往右走，左脚并回（做4次），身体向前下前腰，手在身体前拿鞭自然下垂，向右摆动4次，第8拍经前成上举，掌心向前。

1、3、5　　　　　　2、4、6　　　　　　　7　　　　　　　　8

② 1—8拍面向1点，左脚往左走，右脚并回（重复4次），双手拿着霸王鞭上举，双手抬到三位与肩同宽，迈左脚时，双手同时向左摆动4次。第8拍经前成下举，微弯腰，掌心向下。

1、3、5　　　　　　2、4、6　　　　　　　7　　　　　　　　8

1—4拍举霸王鞭在颈后。

1—2　　　　　1—2（侧面）　　　　　3—4

【第一组动作】8×8拍

① 1—4拍往前（1点）走4步，右脚→左脚→右脚→左脚，霸王鞭放在颈后。5—8拍右脚向2点迈出，左脚跟上右脚，贴在脚腕后虚点步，左腿弯曲，然后右腿回正，右手指尖带着手臂从胸前画一个圆到上方，手背朝上，臂伸直，然后收回原位，头看右手方向。

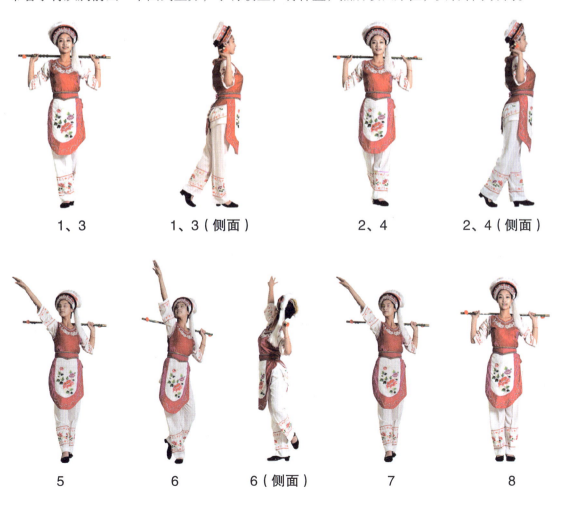

1、3　　　1、3（侧面）　　　2、4　　　2、4（侧面）

5　　　6　　　6（侧面）　　　7　　　8

第九章　白族健身操

② 与①动作相同，重复1遍。

③ 与①动作相同，右脚→左脚→右脚→左脚，向后退做动作。

④ 与③动作相同，重复1遍。

⑤ 1—2拍右脚向7点迈出，左脚跟上右脚，贴在脚腕后虚点步，左腿弯曲，双手拿着霸王鞭在颈后不动。3—4拍右腿回正，收回原位。5—6拍与1—2拍动作相同，迈向5点，重复1遍。7—8拍与3—4拍动作相同，收回原位。

1、5　　　　2、6　　　　2、6（侧面）　　　　3、7　　　　4、8

⑥ 与⑤动作相同，重复1遍（3点→1点）。

⑦ 1—2拍右脚向左侧迈出，左脚跟上，右脚贴在脚腕后虚点步，左腿弯曲，双手拿着霸王鞭在颈后。3—4拍右腿回正收回原位（转体运动）。5—6拍与1—2拍动作相同。7—8拍与3—4拍动作相同，重复1遍。

准备姿势　　　　1—2　　　　3—4　　　　5—6　　　　7—8

⑧ 1—2拍右脚向左迈出，左脚跟上右脚，贴在脚腕后虚点步，左腿弯曲，双手拿着霸王鞭在颈后，两臂伸直在头顶。3—4拍右腿回正收回原位。5—6拍与1—2拍动作相同。7—8拍与3—4拍动作相同，重复1遍。

准备姿势　　　1—2　　　3—4　　　5—6　　　7—8

【第二组动作】4×8拍

① 1—2拍右脚原地踏步，左脚向前踩。3—4拍右脚并回原地交替踩两下，随后右腿站直。5—8拍右脚前点步，胯部自然摆动4下；右手拿鞭向下与左手交替摆动；上身先向前含胸，然后再起直。

1—2　　　3—4　　　5　　　6　　　7—8

② 与①动作相同，重复1遍。

③ 1—4踏步向前，左脚→右脚→左脚→右脚，右手拿鞭，上体自然摆动。5—6拍右手拿鞭横打左上臂1次。7—8拍原地踏步，准备后退。

1、3　　　2、4　　　5—6　　　7—8

④ 与③动作相同，向后退，左脚→右脚→左脚→右脚，重复1遍。

【第三组动作】2×8拍

① 面向1点方向。1—8拍右脚往右走，左脚并回（做4次），身体向前下前腰，手在身体前拿鞭自然下垂，向右摆动4次。

1、5　　　　　2、6　　　　　3、7　　　　　4、8

② 面向1点方向。1—8拍左脚往左走，右脚并回（反复4次），双手拿着霸王鞭时上举，双手抬到3位与肩同宽，迈左脚时，双手同时向左摆动4次。

1、5　　　　　2、6　　　　　3、7　　　　　4、8

【第四组动作】4×8拍

① 1—2拍面向1点方向，左脚向左踩1步，同时右脚在旁25°的位置上。3—4拍左脚在前，右脚在后踏步蹲；右手拿鞭，横着冲前。5—8拍左手从下往上打鞭，然后顺势鞭竖着打在右肩上，手心朝上，再打左肩→右肩……（重复6次）。

② 1—2拍右脚站起，向旁迈，两腿同时分开，脚与肩同宽。3—8拍胯自然摆动；右手拿鞭横着冲前，打左肩→右肩……（重复6次）。

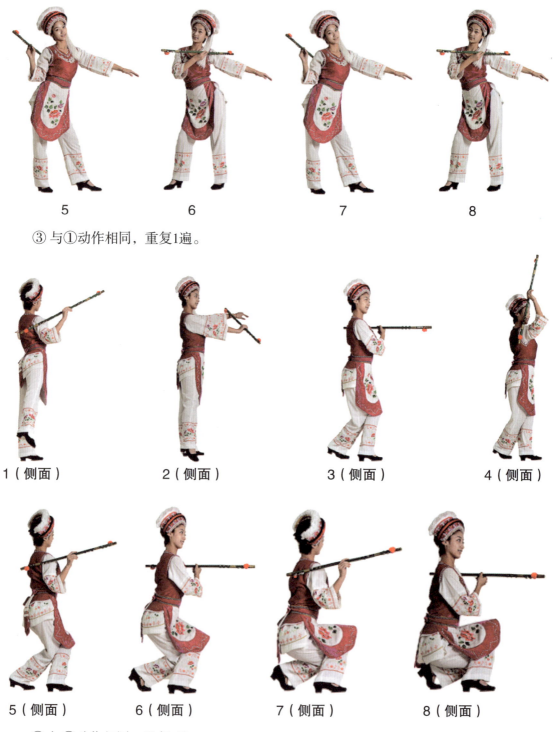

5　　　　　　　　6　　　　　　　　7　　　　　　　　8

③ 与①动作相同，重复1遍。

1（侧面）　　　2（侧面）　　　3（侧面）　　　4（侧面）

5（侧面）　　　6（侧面）　　　7（侧面）　　　8（侧面）

④ 与②动作相同，重复1遍。

【第五组动作】4×8拍

① 1—2拍右脚原地踏，左脚向前踩。3—4拍右脚并回，原地交替踩两下，随后右腿站直，右脚前点步。5—8拍胯部自然摆动4下（扣鞭）；右手拿鞭向下与左手交替摆动；上身先向前含胸，然后再起直。

1—2　　　　　　　3—4　　　　　　　5、7　　　　　　　6、8

②　1—4拍左脚做"十"字步动作。5—6拍两腿同时分开，脚与肩同宽，胯部自然摆动；右手拿鞭横着冲前，打左肩→右肩……（重复4次）。第8拍打背部。

1　　　　　　　　2　　　　　　　　3　　　　　　　　4

5　　　　　　　　6　　　　　　　　7　　　　　　　　8

③　与①动作相同，重复1遍。
④　与②动作相同，重复1遍。

【第六组动作】6×8拍

①　方向是从8点→斜8点→斜2点→2点。1—4拍两腿分开，左腿迈弓步，然后慢慢移重心到右腿旁弓步；左臂伸直在7位，右手手背向前，竖着拿鞭打地；头随着动力手的方向

向下移动看出去。5—8拍左脚向旁迈1步，两腿与肩同宽，胯自然摆动；右手拿鞭左手从8点拍4下到2点，然后右手拿鞭横着拍前，左手从下向上打鞭，然后鞭顺势竖着打在右肩上，手心朝上，再打左肩、右肩。

② 1—2拍左右脚交替跑2步（先左后右），两手垂直于身下，右左交替向前后小摆。3—4拍左脚向前踹两下，右脚原地蹦两下，右手三位举高，左手在七位的位置上，两腿蹦颤的同时，双手收回弯曲，然后再伸直。5—6拍与1—2动作相同。7—8拍与3—4拍动作相同，重复1遍。

③ 与①动作相同，重复1遍。

④ 与②动作相同，向后退，重复1遍。

⑤、⑥与②动作相同，4拍一动（4个方向：1点→7点→5点→3点，做4遍）。

【第七组动作】4×8拍

① 1—2拍右脚原地踏，左脚向前踩。3—4拍右脚并回，原地交替踩两下，随后右腿站直，左脚前点步。5—8拍胯部自然摆动4下（扣鞭）；右手拿鞭向下与左手交替摆动；上身先向前含胸，然后再起直。

② 1—4拍左脚做十字步动作，5—6拍两腿同时分开，脚与肩同宽，胯自然摆动；右手

第九章　白族健身操

拿鞭横着冲前，打左、右肩……（4次）。

③ 动作同①动作相同，重复1遍。
④ 动作同②动作相同，重复1遍。

【第八组动作】8×8拍

① 正鞭打法，面向1点方向，左手在小七位的位置上不动，右手竖着拿鞭触地，右脚顺势踢一下鞭底，鞭顺势倒向右边→左边→右边，右脚在前，左脚在后踏步；之后左脚再向旁踢一下鞭底，鞭顺势倒向左边→右边→左边，左脚在前，右脚在后踏步，最后一鞭的同时右脚向右旁迈出，腿伸直，向左弓步。

② 双腿分开，身体随着把鞭的手转动，左手七位不动，右手头顶做小舞花动作，从二位划个圆打向身旁，鞭竖着，然后先打右腿外侧，再打左腿内侧，打腿的同时，右腿微弯，左腿伸直在旁，身体向8点方向。

③、⑤、⑦与①动作相同（4个方向：1点→7点→5点→3点，做4遍）。
④、⑥、⑧与②动作相同（4个方向：1点→7点→5点→3点，各做1遍）。

【第九组动作】6×8拍

① 1—2拍面向1点方向，右脚前点步，左脚站直；两手垂直在身旁，右肩带着向前做硬肩，然后右左前后交替，动4下。3—4拍右脚向后踢起，顺势左脚前点步，胯自然摆动。5—6拍右手拿鞭，横着向前，左手从下往上打鞭，鞭顺势竖着打在右肩上，手心朝上，再打左、右肩。7拍左腿向前踢一下，右手拿鞭直着抬到胸前方，左手在七位的位置停住。8拍收回。

7（侧面）　　　　　　　　　　8

②1拍面向3点方向，左腿吸在右腿膝盖的内侧，然后右腿站直，面向3点转，右小臂夹回在胸前拿鞭（平屈），左臂在七位手的位置伸直，面向1点。2拍左腿在正前方伸直，前点步，右腿原地弯曲；左小臂夹回在胸前（平屈），右臂在七位手的位置伸直拿鞭。3—8拍与1—2拍动作相同，共重复做4遍。

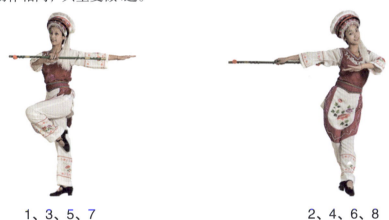

1、3、5、7　　　　　　　　　　2、4、6、8

③1—2拍面向1点方向，右手垂直拿鞭向下在右旁，鞭后半段及前半段分别敲打右大腿外侧2次，左手自然下垂；右腿脚尖伸直向前（右、左）踢2次，左腿带点颤动，绷脚尖。3—4拍左脚后踢，打鞭，右手经前到上绕至后，鞭打左脚，左手上举，手心向上。5拍左脚在右脚前，右手拿鞭碰左肩膀。6拍右脚在左脚前，右手拿鞭碰右肩膀。7—8拍与3—4动作相同，重复1遍。

1　　　　1（侧面）　　　　2　　　　2（侧面）

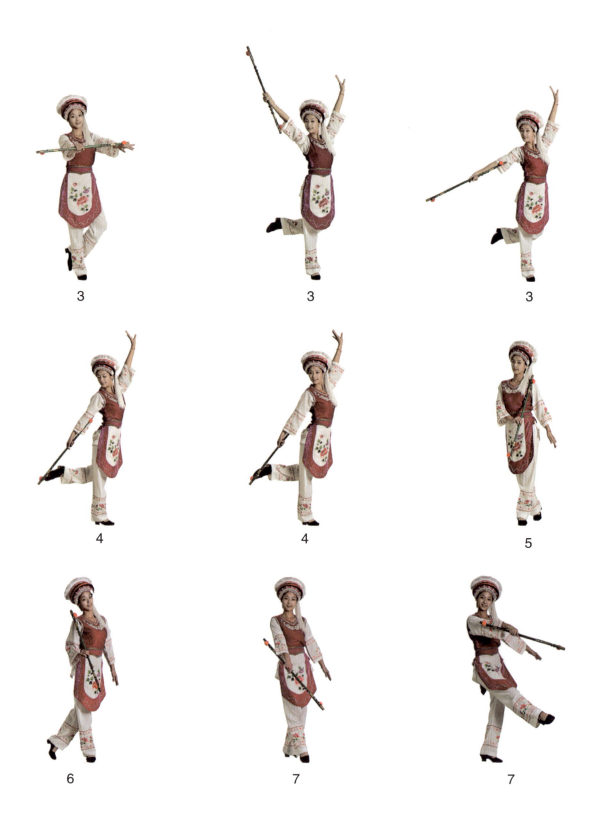

7　　　　　　　7　　　　　　　8　　　　　　　8

④ 与①动作相同，重复1遍。
⑤ 与②动作相同，重复1遍。
⑥ 与③动作相同，重复1遍。

【第十组动作】4×8拍

① 1—2拍右脚作为支撑腿站立，左脚侧平抬，微后曲，右手拿鞭上举，左手侧平举。3—4拍左脚迈出，顶髋，右脚在后，同时右手横拿鞭，在胸前平举，左手收回体侧。5拍左手前平屈，右手横拿鞭，侧平举。6拍与5拍动作方向相同，自然扭胯。7—8拍与5—6拍动作相同，重复1遍。

1—2　　　　　　3—4　　　　　　5、7　　　　　　6、8

② 与①动作相同，反方向重复1遍。

1—2　　　　　　3—4　　　　　　5、7　　　　　　6、8

③ 1—2拍右脚开始后退，鞭从前经上绕至胸前，碰左肩。3—4拍上体保持扭胯动作。5—6拍左脚后退，与1—2拍动作相同，重复1遍。7—8拍与3—4拍动作相同，重复1遍。

1　　　　　　2　　　　　　3　　　　　　4

5　　　　　　6　　　　　　7　　　　　　8

④ 与③动作相同，重复1遍。

【结束动作】2×8+4拍

① 1拍双脚并立，提踵，向右顶胯，双手头上举鞭，眼看右侧。2拍向左，重心降低，膝关节微曲，手上动作同前。3—8拍与1—2拍动作相同，重复3遍（一拍一动）。

1、3、5、7　　　　　2、4、6、8

② 脚上动作与①相同，手上动作变为手臂自然下垂，拿鞭在体前，重复1遍。

1、5　　　　2、6　　　　3、7　　　　4、8

③ 1—2拍面向1点，双手从下划到上，停到三位手打开的位置。3—4拍左脚向前上1步，左脚夹在右脚前站立；身体从含胸到直立，头向前看，结束。

1—2　　　　　3—4

第十章

藏族健身操

第一节 藏族健身操概述

一、历史文化

藏族自称"蕃巴",意为农业人群。历史上有吐蕃、西番等不同称呼。藏族以农牧业为主,信仰藏传佛教。藏族集中分布在我国西藏自治区和青海、甘肃、四川和云南(迪庆藏族自治州)等省,大多居住在高原地区。中国境内有藏族人口约541万。藏族的先民自远古居住在雅鲁藏布江中游两岸,两汉时属于西羌人的一支。公元7世纪松赞干布建立王朝,唐宋称其为"吐蕃",直到康熙年间才称"西藏",藏族称谓亦由此而来。

据考古发现,早在4 000多年前,藏族的祖先就在雅鲁藏布江流域繁衍生息了。公元7世纪初,雅隆部落首领兼并了达布、工布、娘布、苏毗等诸部,第三十二代赞普松赞干布统一整个西藏地区,定都逻娑(今拉萨),建立了吐蕃王朝。始制藏文、藏历,创订法律、度量衡,分设文武各级官职。划分全境为四大军政区域,在西藏建成自称为"蕃",汉籍称作"吐蕃"的奴隶王朝。公元641年,赞普松赞干布与唐朝的文成公主联姻,被唐封为驸马都尉西海郡王。公元710年,犀德祖赞又与唐朝的金城公主联姻,由于与东部中原地带的政治、经济、文化等方面的交往,使西藏社会逐步有了很大发展,由此揭开藏、汉文化交流史上的新篇章。到9世纪末,西藏的一个部落——果部内部矛盾加深,藏区陷入分裂、割据状态,形成四大政治区域,他们各自为政,甚至互相侵袭、劫掠,战争频繁。这一时期,藏传佛教逐步深入到藏区社会的各个角落,并为各阶层的人接受,于是形成了藏族政教合一的体制。元朝时期,藏族地区正式被纳入了版图,成为中国领土不可分割的一部分。清朝时期,清政府授权达赖喇嘛管理西藏地方行政事务,政教合一的封建制度正式建立。中华人民共和国对西藏进行了和平解放,并于1965年正式成立西藏自治区,藏族人民掀开了平等自治,迈向繁荣的新篇章。

二、风俗习惯

藏族有自己的语言和文字,藏语属汉藏语系藏缅语族藏语支。10~16世纪是藏族文化兴盛时期。世界最长史诗《格萨尔王传》几百年来都在藏区大放异彩,广为流传。藏族有很多独具特色的民族节日,"转山会"是藏族传统节日,又称沐佛节、敬山神,流行于甘孜、阿坝藏族地区。"采花节"是南坪县博峪一带藏族传统节日,每年农历五月初五举行,节期两天。藏族称新年为"洛萨"。藏历年古时曾以麦熟为岁首或麦收为岁首,是在夏秋季。四月十五日是藏族的萨噶达瓦节。关于萨噶达瓦节有两种说法:一说是纪念释迦牟尼成道的日子;一说是纪念文成公主到达拉萨的日子。这天西藏各地都要举行宗教纪念活动。在云南的藏族人民有的还要到维西县的达摩山朝拜,有"转葛拉"(绕山)的仪式。"望果节"(意为转田间)是藏族传统节日之一,节期为1~3天不等。每年7月,粮食成熟在望,藏民们便背着经卷转绕田间,预祝丰收,同时举行赛马、射箭、文艺表演等活动。雪顿节是藏族传统节日,起源于公元11世纪中叶,每年藏历7月1日举行,为期4~5

天。雪顿是藏语音译，意思是"酸奶宴"，于是雪顿节便被解释为喝酸奶子的节日。后来雪顿节逐渐演变成以演藏戏为主，又称"藏戏节"。届时，藏族人民身着鲜艳的节日服装，扶老携幼，边饮边聊，载歌载舞，观看藏戏，享受节日的欢乐。

三、民族文化

藏族是个有着悠久历史的民族，在漫长的历史过程中，造就了藏族古老、独特而又光辉、灿烂的民族文化。藏族是古羌族的后裔，很多生活习惯和文化元素都是从古羌族演化而来的。早期的羌族以牧羊为生，随着历史的发展，他们也开始进行农耕。这样就出现了藏族这样一个牧业和农业共同发展的民族。另外，高原地区特殊的自然地理环境也是藏族农牧文化的形成原因之一。由于藏区高海拔环境和寒冷的天气，藏族人民总是穿着宽大厚重的长袍，劳动时便把两只袖子系在腰上，在行动上也自然会使身体前倾，走路时感觉比较沉重和迟缓。所以藏族生活的方方面面都被渲染出浓郁的高原色彩和情趣，这种鲜明的文化特征也自然地反应到了藏族舞蹈中。由于藏族分布广，生活地域与生产方式的不同，以及与不同地区相邻的其他民族在文化、习俗上的交流、融合，逐渐形成了各地区的藏族民间舞蹈所具有的不同风格与流派。例如，颇具特色的男子"踢踏舞"、独具表演性的"鼓舞"和集体自娱性的"弦子"、"锅庄"等，都是备受藏族人民喜爱和广为流传的舞种。

藏族是个能歌善舞的民族，他们的歌曲旋律优美辽阔、婉转动听，民间舞蹈种类繁多、刚柔相济。从总体上可划分为民族民间自娱性舞蹈和宗教舞蹈两大类，也可细分为"谐"、"卓"、"囊玛"和"羌姆"四类。自娱性舞蹈有"谐"和"卓"。以歌舞为主的集体自娱性圆圈舞蹈一般被泛称为"谐"，后来增加了简单的上肢动作、原地旋转和队形变换，成为一种男女交替、载歌载舞的劳动歌舞形式。而在圆圈歌舞中，具有较强表演性的集体舞则被人们泛称为"卓"。

1. 果卓　即锅庄，是古代藏族人民围着篝火、锅台而舞的圆圈形舞蹈，其中有模拟动物、表达爱情等舞蹈语汇。动作以身前摆手、转胯、蹲步和转身等为主，活泼而热烈。谐也称为弦子，因由男舞者边领舞边以弦乐二胡或牛腿琴伴奏而得名，动作缓慢舒展、细腻流畅。以四川省巴塘地区的弦子最为著名。卓谐和热巴卓是藏族舞蹈卓的两种具有代表性的舞蹈。卓以表演各类圆圈"鼓舞"为主，其中也有以原始"拟兽舞"为素材，加工整理后所形成的表演舞蹈。在卓的整个舞蹈中以歌时不舞，舞时不歌为特点，技巧性表演占舞蹈的主要地位。

果卓又称为"锅庄"、"歌庄"、"卓"等，藏语意为圆圈歌舞。锅庄舞是藏族三大民间舞蹈之一，主要流行于西藏昌都、那曲，四川阿坝、甘孜，云南迪庆及青海、甘肃的藏族聚居区。早期与西藏奴隶社会和盟誓活动有关，后来逐步演变成为歌舞结合、载歌载舞的圆圈歌舞形式了。《清史稿·乐志》音译为"郭庄"，近代有称"歌庄"，唯《卫藏通志》说它是围着支锅石桩而舞的舞蹈。《西藏舞蹈概说》载："以前的康定一带有一种商业性组织叫'锅庄'。这类商行收购土产，代办转运，设有客栈，沿途过往的藏族商贾常携骡宿帮居其中。晚上，他们往往在院内旷地垒石支锅熬茶抓糟粑，茶余饭后不时围着火塘歌唱跳舞，以驱一天的劳累与疲乏，保持旺盛的精力，适应恶劣环境。"锅庄分为用于大型宗教祭祀活动的"大锅庄"、用于民间传统节日的"中锅庄"和用于亲朋聚会的"小锅庄"等几种，规模和功能各有不同。也有将之区分成"群众锅庄"和"喇嘛锅庄"、城镇锅庄和农牧区锅庄的。舞蹈时，一般男女各排半圆拉手成圈，有一人领头，分男女一问一答，反复对唱，无乐器伴奏。整个舞蹈由先慢后快的两段舞组成，基本动作有"悠颤跨腿"、"趋步辗转"、"跨腿踏步蹲"等。舞者手臂以撩、甩、晃为主变换舞姿，队形按顺时针行进，圆圈有大有小，偶尔变换"龙摆尾"图案。锅庄舞姿矫健，动作挺拔，既展舞姿又重情绪表现，舞姿顺达自然，优美飘逸，不但体现了藏族人民纯朴善良、勤劳勇敢、热情奔放、剽悍的民族性格，而且有一定的力度和奔跑跳跃变化动作，动作幅度大，具有明显的体育舞蹈锻炼价值。

2. **热巴舞** 是由藏族"热巴"艺人表演的一种舞蹈形式。热巴原是一种由卖艺为生的流浪艺人班子（一般以家庭为基本单位组成）表演的，以铃鼓为主，融说唱、谐（歌舞）、杂技、气功、热巴剧于一体的综合性艺术，广泛流行于康巴藏区。据史料记载热巴起源于公元11世纪，由藏传佛教噶举派第二代祖师米拉日巴所创建。热巴的前身是西藏原始宗教"笨"教的"巫术"和"图腾舞"。它有悠久的历史、丰富的内容、独特的风格、高超的技巧、风趣的道白和奇特的面具，又吸收了古象雄文化、宗教文化、民间艺术的精髓，从而成为藏族古代灿烂文化艺术中的奇葩，具有很高的艺术价值和研究价值。热巴舞分布于西藏昌都、工布、那曲等地及云南、四川、青海、甘肃等藏族聚居区。丁嘎热巴是藏北那曲地区比如县夏曲乡丁嘎村流传的一种民间舞蹈。据当地艺人的回忆及比如县政协委员仁旺丹增和索朗多吉两位先生所著的《那徐持如历史》藏文本介绍：最早的丁嘎热巴是在公元1040年藏传佛教噶举派第二代祖师米拉日巴和热穷巴在原有的民间热巴基础上创作和发展出来的一门独立的舞蹈艺术。这种热巴舞在历史上经历了从民间进入寺院，又从寺院回到民间的过程。现存的丁嘎热巴分为寺院喇嘛表演的热巴和民间艺人表演的热巴两种形式。过去民间艺人的丁嘎热巴主要以家族父子传承的方式代代相传，现在成立了以村为单位的热巴队，传承面得到扩展。几百年来，丁嘎热巴在丁嘎村民的共同努力下不断改进，舞蹈样式日益丰富。丁嘎热巴包含了藏族传统文化内涵，体现了藏族人民卓越的歌舞艺术的创造才能，反映了藏族文化开放融合的一面，在藏族热巴舞中独树一帜。国家非常重视非物质文化遗产的保护，2006年5月20日，那曲比如丁嘎热巴经国务院批准列入第一批国家级非物质文化遗产名录。

3. **弦子舞** 藏族称"谐"，流行于四川、云南等省藏族地区及西藏昌都一带。弦子舞是藏族历史中最普遍和最繁盛的艺术形式，是藏族人民生活中不可缺少的一种自娱性歌舞。在节庆、婚嫁、集会时，人们欢聚一堂，舞时围成圆圈，领舞者边歌边舞，拉着以马尾为弦的胡琴伴奏，余者随之，时而向圈内聚拢，时而散开，双手甩动长袖，动作优美。男子拉着胡琴，女子舞长袖，各排一半，围成圈。一方领唱者唱，对方复诵，然后交换，形成独特的同词对唱，其词、曲、舞比较完美，具有广泛的群众性。起舞时，舞蹈速度缓慢，随内容发展而速度加快，以急速旋转的舞步进入高潮。这是一种载歌载舞的集体舞，舞姿优美，曲调高亢嘹亮、粗犷豪放、丰富多彩，旋律欢快流畅，节奏鲜明。每个不同的曲调都配以不同的舞蹈。每个曲调的动作舞姿相异，时而悠悠，时而活泼沸腾。歌词内容多是歌颂爱情、劳动和自然景物，是藏族人民祈愿祝福吉祥的舞蹈。

4. **果谐** 是藏语音译，"果"意为圆圈，"谐"意为舞。果谐是藏族群众喜爱的一种自娱性的古老的民间歌舞，不用乐器伴奏（有的地区用串铃伴奏），男女分班一唱一和，此起彼落，载歌载舞。"果谐"的跳法是重拍起步、三步一变、顿地为节；跳时膝盖到脚掌硬直落地，结实稳扎，节奏鲜明，以抒发集体的热烈情绪为其基本特征。节日里，场地上摆着一缸青稞酒，人们围着酒缸拉圈起舞。男女各站一边，分班歌唱，从左到右沿圈踏步走动。当唱词告一段落之后，由"谐本"（歌舞队的组织者）带头发出"咻、咻、咻、咻"的叫声称为"谐个"，就是歌头、开头舞步，以"咻、咻、咻、咻"或"次、次、次"的叫声，或一齐拉手叫"阿甲嘿!当下次仁，宋甲月拉!"，合着节奏，踏地舞蹈。这种叫声有如汉语中喊"一、二、三、四，一齐跳"。因为民间跳"果谐"人数众多，一般又无伴奏乐器，集体起舞很难整齐，"谐个"就起到了激发情绪、整齐步伐、共同起舞的作用。跳完歌头，紧接着是一段快速歌舞，男方跳一段后女方接着也跳一段，出现男女舞蹈竞赛的热烈场面。

第二节　藏族健身操成套技术动作

创编　周　明

藏族健身操主要以藏族人民生产、生活为背景，在创编中加入了大量的健身操动作元素和藏族特有的民族舞蹈元素，结合大众健身操的风格特点，使传统舞蹈和现代健身操相结合，既古朴又时尚。本套操舞姿规范，步伐稳健，使人呼吸通畅，有韧劲的颤膝，动作线条流畅，准确把握藏族人民粗犷、豪放的性格。本套操由8组共78×8拍+24拍动作组成，成套动作时间为4分05秒，音乐的选配与藏族健身操的风格统一，韵律感强，旋律悦耳动听，节奏鲜明，简单易学，便于推广、普及。

成套动作除前奏外共由8组78×8+16拍动作组成，重复3遍（第一、三遍面向1点，第二遍面向5点）。

成套动作共78×8拍+24拍

【前奏】4×8拍

①、②面向1点方向，站立不动听音乐。

1—8

③ 吸气，双手直臂经体侧至上举，抬头看手。

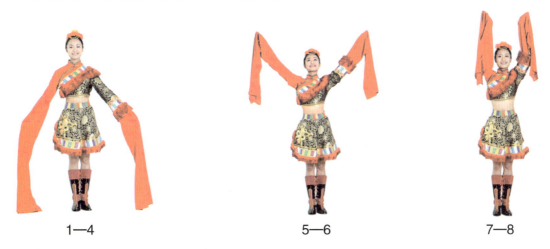

1—4　　　　　　　　　5—6　　　　　　　　　7—8

④ 呼气，双手合十从上至胯旁两侧，再抱于胸前成前平屈，掌心向下。

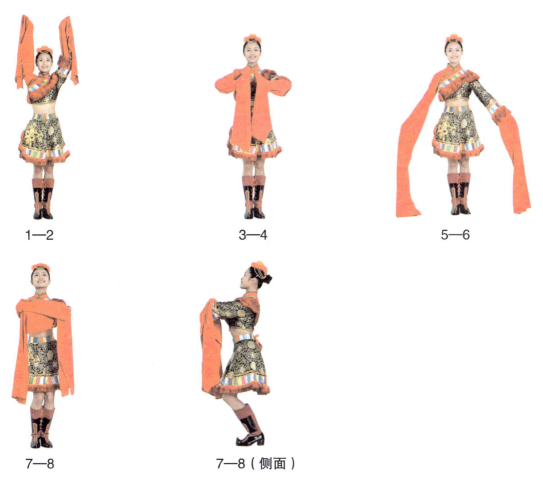

1—2　　　　　　　　　3—4　　　　　　　　　5—6

7—8　　　　　　　7—8（侧面）

【第一组动作】　2×8拍

① 双手抱于胸前，双腿左右屈伸（先右后左），右脚开始呈屈伸动作，向后移动，两拍一动。双手抱臂于胸前成前平屈，身体左右自然摆动。

第十章　藏族健身操

1、3、5、7　　　　　　　　2、4、6、8

② 右脚呈屈伸动作，向前移动，两拍一动。双手抱臂于胸前成前平屈，身体左右自然摆动。

1、3、5、7　　　　　　　　2、4、6、8

【第二组动作】4×8拍+4拍

① 1—8拍右脚开始向右做侧并步2次，颤膝，两拍一动，手臂体前交叉向下自然打开。

1—2、5—6　　　　　　　　3—4、7—8

② 1—4拍左手直臂经轮臂重叠于体前，右臂直接屈肘于体前。5—6拍左脚退踏步，左手臂向前、右手臂向后，前后自然摆动，上体前倾。7—8拍左脚收回半蹲。

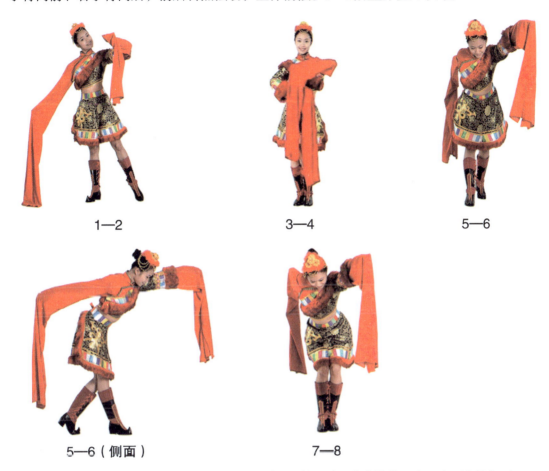

③ 1—8拍左脚开始向左做侧并步2次，颤膝，两拍一动，手臂体前经交叉向下自然打开。

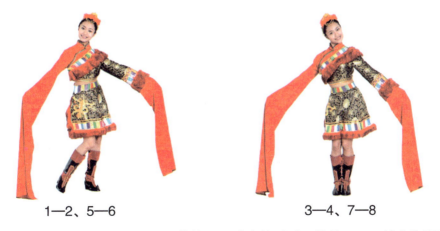

④ 1—4拍右手直臂经轮臂重叠于体前，左臂直接屈肘于体前。5—6拍右脚退踏步，右手臂向前、左手臂向后，前后自然摆动，上体前倾。7—8拍右脚收回半蹲。

衔接动作4拍：1—2拍左脚抬踏步，屈膝勾脚腕，右脚自然弯曲，手臂、双手由体前1位经左侧画弧线向头顶至右侧。3—4拍左脚屈膝呈蹲坐姿势，重心在左脚，右脚打开，屈膝，脚尖朝右方；左手曲臂，手掌放于胸前，掌心向下，右手自然平举伸展，掌心向上。

【第三组动作】 4×8拍+4拍

① 1—2拍右脚退踏步1次，右手臂向前，左手臂向后，前后自然摆动，小幅度动作。3—4拍右脚合并左脚，右手在前，左手在后，屈膝。5—6拍与1—2拍动作相同，大幅度动

作，身体微向前倾。7—8拍与3—4拍动作相同，动作幅度一小一大。

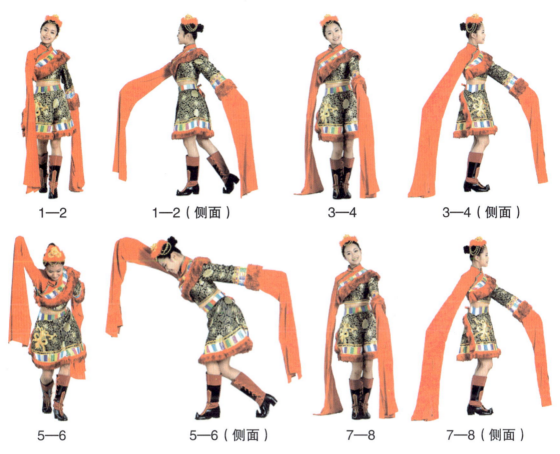

1—2　　1—2（侧面）　　3—4　　3—4（侧面）

5—6　　5—6（侧面）　　7—8　　7—8（侧面）

② 与①动作相同。

③、④1—4拍与①1—4拍动作相同，向左转身90°，手臂前后自然摆动，动作幅度要小。每4拍向左转体90°，做4次回原位。5—8拍重复做1—4拍的动作。

1—2　　1—2（侧面）　　3—4　　3—4（侧面）

衔接动作4拍：1—2拍左脚抬踏步，屈膝勾脚腕，右脚自然弯曲，手臂、双手由体前1位经左侧画弧线向头顶至右侧。3—4拍左脚屈膝呈蹲坐姿势，重心在左脚，右脚打开，屈膝，脚尖朝右方；左手曲臂，手掌放于胸前，掌心向下，右手自然平举伸展，掌心向上。

第十章　藏族健身操

1　　　　　　　　　　　2　　　　　　　　　　　3—4

【第四组动作】　3×8拍+4拍

①　1—8拍右脚开始向右移动，顶胯，一拍一动，手臂上举与胯同方向摆动。1拍双手高举过头向右挥手，右脚向右点地向右顶胯。2拍双手向左挥手，胯向左边收回，右脚收回至左脚小腿旁。

1、3、5、7　　　　　　　　2、4、6、8

②　1—8拍左脚开始向左移动顶胯，一拍一动，手臂上举与胯同方向摆动。1拍双手高举过头向左挥手，左脚向左点地向左顶胯。2拍双手向右挥手，胯向右边收回，左脚收回至右脚小腿旁。

1、3、5、7　　　　　　　　2、4、6、8

③ 与①动作相同，每两拍一转，向左转体90°，做4次回原位。

衔接动作4拍：1—2拍左脚抬踏步，屈膝勾脚腕，右脚自然弯曲，手臂、双手由体前1位经左侧画弧线向头顶至右侧。3—4拍左脚屈膝呈蹲坐姿势，重心在左脚，右脚打开，屈膝，脚尖朝右方；左手曲臂，手掌放于胸前，掌心向下，右手自然平举伸展，掌心向上。

【第五组动作】 3×8拍+4拍

① 1拍左手屈臂，小臂抱丁胸前，右手背丁身后，右脚抬起。2拍右脚向右侧迈一步。3拍左脚并右脚。4拍右脚往右侧迈一步，双手自然从体侧打开成侧平举，掌心向下。5拍右手曲臂，左手背于身后，左脚抬起。6拍左脚向左侧迈一步。7拍右脚并左脚。8拍左脚向左侧迈一步，双手自然从体侧打开成侧平举，掌心向下。

1—2　　　　　3—4　　　　　5—6　　　　　7—8

② 1—4拍与①1—4拍动作相同。5—8拍，双腿屈膝，右手伸直高于头部上举，掌心向内，左手侧平举微弯，掌心向上，头向右侧上方扬起，眼看右手指尖。

1—2　　　　　　3—4　　　　　　5—8

③ 1—4拍与①5—8拍动作相同。5—8拍双腿屈膝，左手伸直高于头部上举，掌心向内，右手侧平举，微弯，掌心向上，头向左侧上方扬起，眼看左手指尖。

1—2　　　　　　3—4　　　　　　5—8

衔接动作4拍：1—2拍左脚抬踏步，屈膝勾脚腕，右脚自然弯曲，手臂、双手由体前1位经左侧画弧线向头顶至右侧。3—4拍左脚屈膝呈蹲坐姿势，重心在左脚，右脚打开，屈膝，脚尖朝右方；左手曲臂，手掌放于胸前，掌心向下，右手自然平举伸展，掌心向上。

【第六组动作】4×8拍。

① 1 4拍右脚向左前迈一步，屈膝，右脚小腿微微抬起，双膝靠近，重心在前脚，由前向后移动。5—6拍右脚盘膝腿，右手向上贴近耳朵，左手向侧微微抬起，至斜上举。7拍右脚向右迈步，右手臂打开成斜下举。8拍收回，立正，微屈右膝。幅度要大，腰臀的曲线要大，上体和重心的位置要低，上体面向1点方向。

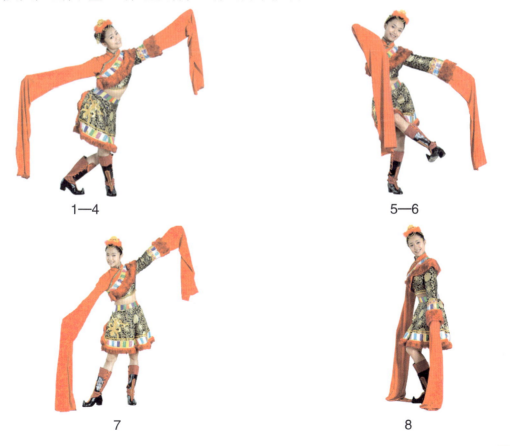

② 与①动作相同，方向相反。8拍收回，立正，微屈左膝。

1—4　　　　　　　　　　　5—6

7　　　　　　　　　　　8

③ 与①动作相同，重复1遍。
④ 与②动作相同，重复1遍。

【第七组动作】4×8拍＋4拍

① 1—8拍右脚开始向前走4步，两拍一动，颤膝。手臂体前经交叉向下自然打开至斜前上举。

1　　　　　　　　　　　2、5—6

3—4

7—8

② 1—2拍上右脚。3—4拍踢左脚。5—6拍上左脚。7—8拍踢右脚，两次上步踹腿。

1—4

5—8

③ 1—4拍（特色造型）右脚打开，向右斜前点地，顶胯，双手曲臂，掌心向上，左手手腕向左翻花，右手手腕向右翻花，屈臂，掌心向上，靠近耳朵。5—8拍（特色造型）双脚碎步向后退，屈膝，先退右脚，双手握拳在体前依次上下摆动。

1

2

2（侧面）

3—4

| 5、7 | 5、7（侧面） | 6、8 | 6、8（侧面） |

④ 1—4拍与③5—8拍动作相同。5—8拍与③1—4拍动作相同。

衔接动作4拍（特色造型）：向右转体，双脚点踏步转360°。

1—4

【第八组动作】 4×8拍

① 1—2拍右脚开始向右侧迈步，重心在右脚，左脚脚尖点地，双手于身体两侧微抬。3—4拍左脚脚跟点地，右腿微微屈膝，右手抱于腰前，左手背于身后，手臂自然摆动幅度小。5—6拍左脚向左迈一步，重心在左脚，右脚脚尖点地，双手于身体两侧微抬。7—8拍右脚脚跟点地，重心在左脚，左腿微微屈膝，左手抱于腰前，右手背放于身后，自然摆动幅度小。

| 1—2 | 3—4 | 5—6 | 7—8 |

② 与①动作相同，手臂摆动幅度大。左手抬起高于头部，右手侧平举。

1—2　　　　　3—4　　　　　5—6　　　　　7—8

③ 右脚退踏步2遍，手臂前后自然摆动。

1—2、5—6　　1—2、5—6（侧面）　　3—4、7—8　　3—4、7—8（侧面）

④ 右后转体180°跑（也可原地跑），双手体侧握拳，双肩依次上提，上体后仰，一拍一动。

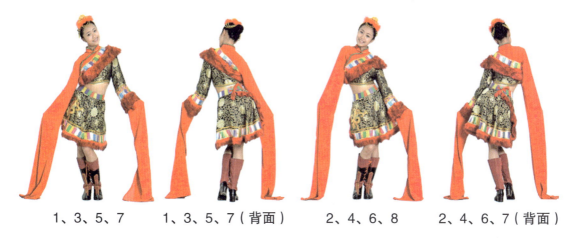

1、3、5、7　　1、3、5、7（背面）　　2、4、6、8　　2、4、6、7（背面）

第十章　藏族健身操

【结束动作】1×8拍+4拍

转体造型：左脚开始向左迈步，向左旋转360°，双手上举高于头部，掌心相对，转到正面后右脚抬起屈膝，勾脚腕，右脚脚跟着地，膝盖直，勾脚腕，左腿屈膝，蹲坐姿势，双手由头上方自然向两侧打开，弯腰，身体前倾，双手直臂与肩平齐，结束。

第十一章

彝族撒尼健身操

第一节 彝族撒尼健身操概述

一、历史文化

撒尼是彝族的一个支系,早在公元2世纪,滇池一带是彝族先民活动的中心。大约在3世纪,逐渐扩展到了滇东北、滇南、贵州、广西一带,与其他民族杂居融合,形成了众多的支系。其中,居住在云南石林、丘北一带的彝族多为撒尼人,云南石林彝族自治县是彝族撒尼人最大的聚居区。撒尼人非常崇尚老虎,在撒尼语里"罗"是虎,"倮"是龙。因此,他们早先也自称为"罗倮",意思是像龙和虎一样勇猛而不可战胜的民族。

战国至两汉时期的"滇国",民族歌舞有了更大的发展。祥云大波那铜葫芦笙、编钟和晋宁石寨山、江川李家山出土的大批青铜乐舞俑,青铜器上的乐舞形象、乐舞纹饰反映和折射出当时民族乐舞兴旺鼎盛的局面。诸如铜鼓舞、葫芦笙舞、羽舞、干戚舞、铃舞、徒手舞、踏歌之类地道的"西南夷歌"、"文成颠歌"至今还可以在广大彝区寻到遗踪。晋宁石寨山出土的贮贝器上还铸有一件曾盛传于中原,它在这里则是与滇人的铜鼓合奏的和谐场面。

《吕氏春秋》中所记载的"葛天氏之乐",据前清旅滇文人陈柞祚兴考证称即是彝民踏歌的孑遗。歌词完整地保存在《后汉书》中的"白狼歌"三章,又称"慕化归义"乐歌,是可唱可舞的"夷歌"。曾于当时向中原朝廷献演,成为汉·永平年间的一桩盛事。近人研究,多认定"白狼歌"是"彝语文民族歌舞",其语言是"白狼文是倮倮文的前身"(徐嘉瑞《大理古代文化史稿》)。

在弥勒县金子坡崖画、路南县(今石林县)石林崖画、丘北县狮子山崖画的祭祀舞蹈场面、杂耍、羽舞人等图像,与汉代两次由滇入洛阳宫廷献艺的乐舞有某种关联。在汉代曾风行于川、黔、滇之间的"巴渝舞"及彝文史书《西南彝志》中记载的战阵舞与遗存至南诏、大理的器械舞均有传承关系。现存众多彝族兵器舞中还能窥知古代刀光剑影的场景。

魏晋南北朝至唐初的西爨民族歌舞与彝族歌舞的关系显得较为直接。除铜鼓乐舞、葫芦笙舞、器械舞外,最突出的便是踏歌。从昭通霍承嗣墓壁画中两排穿着类如彝族诺苏支系服装,形似踏歌的图像看,当时可能设有乐舞奴隶供奴隶主行宴享乐。

彝族形成期的南诏时期(公元8~10世纪),宫廷乐舞和民间歌舞再度辉煌。8世纪初叶,彝族先民联合洱海地区的白族先民在唐王朝的支持下建立了南诏地方政权。南诏王大量启用白族、汉族官员,广采博收各民族的先进文化技术,将南诏艺术推向西南艺术史的巅峰期。

随着南诏、大理国的崩溃和衰落,彝族向四面八方迁徙。相当一些彝族支系退至封闭和半封闭的高寒山区、半山区生活,他们也将很多传统民族歌舞带到了这些地区。元明清时的当地文人与内地流官、宦人在滇亲眼目睹到丰富多彩的彝族歌舞和奇风异俗。他们的记叙,留下了彝族歌舞艺术的珍贵资料。从中明显看出与今彝族有直接渊源关系的数十种彝族古代民族传统歌舞,大致有:口琴舞、葫芦笙舞、月琴舞、羊皮鼓舞、铜鼓舞、鼓舞、干舞、刀舞、羽舞、葛天舞、踏歌、手巾舞、跳月、丧葬舞、巫舞、乡傩舞、喜事宴乐舞、丧葬宴乐舞等。

二、民族音乐、舞蹈

彝族人民能歌善舞，民间流传着各种曲调，彝族的舞蹈也颇具特色，如"跳歌"、"跳月"、"打歌舞"、"锅庄舞"等，其中"阿细跳月"是最流行的舞蹈之一。"跳三弦"也称"三大弦"、"跳月"，是云南省中部地区彝族支系阿细人、撒尼人喜爱的自娱性舞蹈。每当逢年过节或是喜庆的日子，云南红河州彝族阿细支系的人们无论男女老少，都喜欢吹起笛子、哨子，弹起大三弦，在刚健、热烈、欢快的音乐旋律中欢乐舞蹈，这就是"阿细跳月"。

关于大三弦舞有这么一个传说，古时候，彝族居住在深山老林，以刀耕火种的方式种植庄稼。每年播种季节，他们白天给土司头人干活，夜间才能借着月光赶种自己的"火地"。在火灰尚未熄灭的地里，人们光着脚板劳动，脚被烫疼了就抬起来跳两下，还"啧啧"地喊两声，这就形成了舞蹈的基本步伐。农闲时，回忆这种动作，人们觉得能表达自己的内心感情，于是配上大三弦等乐器编成舞蹈，就成了今天的大三弦舞，由于这种舞蹈是在月下跳的，后来又演变为青年男女娱乐和恋爱时跳的舞蹈，所以就叫"阿细跳月"，又称"跳乐"或"跳月"。这种舞蹈最突出的特点就是男青年挎着一个大三弦边弹边跳。大三弦全长约135厘米，琴筒宽度约27厘米，长约33厘米，弦码处置有铁皮扣片，弹拨时"嚓、嚓"作响。男青年斜挎如此大而重的三弦，边弹边舞，显示出男性的矫健与豪放。伴奏曲多是五拍为一乐句，前三拍为主弦律，后两拍用力拨弦。舞者的步伐与此相吻合，前三拍进退、转身、跳跃，后两拍原地拍掌对脚。表演时，大家随着领舞者忽而形成两大横排，进退欢舞，如潮涨潮落，忽而又变为"二龙吐须"，双双对舞后，依次散开，如渠水分流而去。舞蹈的基本动律是左右晃身、摆胯。整个舞蹈热情奔放，大幅度的跳动和变化鲜明的队形，形成炽热的气氛，具有浓烈的野趣美。

自古以来，阿细山寨就流传着"活着不跳乐，白在世上活"，"大三弦一响，脚底板就痒"等谚语。中华人民共和国成立后，"阿细跳月"正式搬上文艺舞台。多次出省、进京演出。1954年，"阿细跳月"作为中国的优秀民间舞蹈，到波兰华沙参加第三届世界青年联欢节，引起强烈的轰动效应；20世纪80年代，"阿细跳月"乐曲被列为世界名曲之一；1992年2月，由弥勒县西山地区彝族农民组成的阿细跳月艺术团破天荒作为全国唯一的县级农民艺术团，列为第三届中国艺术节大型文艺表演者之一，在昆明人民胜利堂一展让人心动、诱人迷恋的"阿细跳月"风采，赢得了中外人士的赞誉。

彝族民间舞蹈有5种类型，若剔除近半个世纪以来人们对传统民间舞蹈所作的修饰，还原到它的本来面目，我们或许能看到彝族远古时代模拟动物的情态，看到反映人们劳动生活的原始古拙却又震撼人心的绝美舞姿。前4类舞蹈源于彝族古代生活，第5类模仿鹰、熊的舞蹈，可能与彝族古代的多神和图腾崇拜有密切关系。这类动物模拟舞蹈，动作优美、高雅，在长期的历史进程中，逐步从祭祀仪式中分离出来，并不断添加着各个时代的审美意识，使之成为今天专供人们欣赏的表演舞蹈。

千姿百态的数百种云南彝族传统民间舞蹈，包容有从原始舞蹈雏形至雄壮辉煌的大型乐舞等多种艺术样式、形态。它们既是不同历史时期现实生活的直接或曲折的映照，还有彝族人民对理想和信念的追求。彝族民间舞蹈既有一元多支的本质联系，又有多元多支的地域差别、支系差异。彝族民间舞蹈是中华民族舞蹈艺术宝库中一枚光芒四射的明珠，它还是一部活生生的、立体的、富有神奇色彩的少数民族舞蹈发展史。

第二节　彝族撒尼健身操的成套技术动作

创编　陈　敏

撒尼健身操是以撒尼人日常劳动、生活、民间民俗、节庆及祭事活动中的动作元素为基础，结合现代大众健美操步伐及操化动作，其动作刚健有力、热情奔放、简单易学。配以具有彝族风格的大三弦音乐，使本套操具有民族性、健身性、艺术性、实用性，并将民族文化与体育健身自然的融为一体，充分体现民族健身操健、力、美的风格特点。本套操成套动作共由12组，80×5拍+24拍动作组成，重复2遍，成套动作时间为3分50秒，其内容健康，具有较强的操化动作特征，符合人体运动的生理规律。队形设计丰富多样，变化自然流畅，灵活巧妙。音乐的选配与撒伲健身操的风格统一，音乐韵律感强，旋律悦耳动听，节奏鲜明，适合于广大健身舞爱好者。

成套动作共80×5拍+24拍

【前奏】2×8拍

① 1—6拍面向1点方向，站立不动听音乐。7—8拍两手叉腰。

1—6　　　　　　　1—6（侧面）　　　　　　7—8

② 1—8拍屈膝弹动，听音乐，一拍一动。

1、3、5、7　　　　　　　1、3、5、7（侧面）　　　　　　2、4、6、8

【第一组动作】4×5拍

① 1拍面向1点方向，左脚向前走1步，同时髋部向左摆动1次，左手叉腰，右臂体前向左摆动1次。2拍右脚向前走1步，同时髋部向右摆动1次，右臂体前向右摆动1次。3拍与1拍动作相同。4拍身体左转90°，右脚向前点地，同时向前顶胯1次，右手叉腰，左臂肩侧屈手扶于脑后，抬头挺胸。5拍右脚提膝收回，右手叉腰，左手放于体侧。

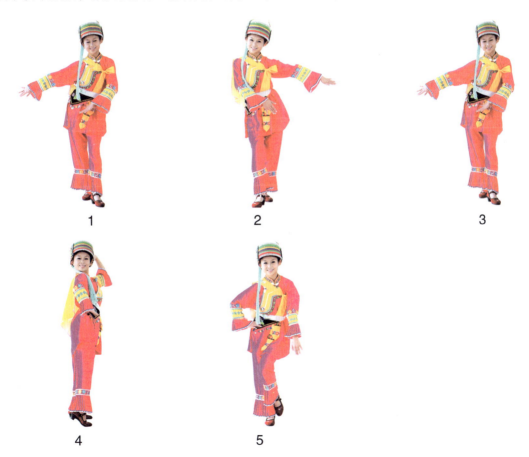

第十一章　彝族撒尼健身操

② 1拍面向1点方向，右脚向后退1步，同时右手叉腰，左臂体前向右摆动1次。2拍左脚向后退1步，同时右手叉腰，左臂体前向左摆动1次。3拍与1拍动作相同。4拍身体右转90°，左脚向前点地，同时向前顶胯1次，左手叉腰，右臂肩侧屈手扶于脑后，抬头挺胸。5拍左脚提膝收回，左手叉腰，右手放于体侧。

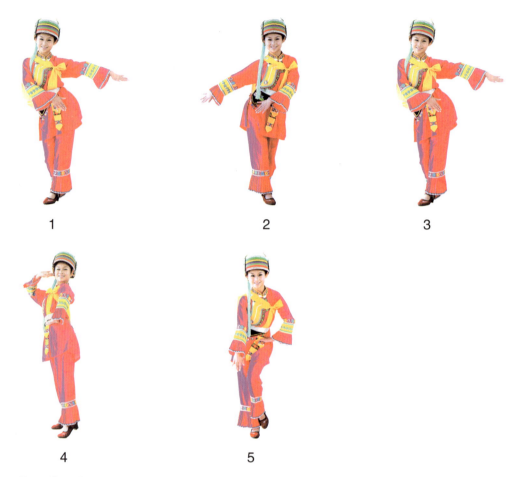

③ 与①动作相同，重复1遍。
④ 与②动作相同，重复1遍。

【第二组动作】4×5拍

① 1拍左脚向左侧迈一步，同时向左摆胯，两臂体前向左摆动1次。2拍右脚并左脚，同时向左顶胯，两臂体前向右摆动1次。3拍与1拍动作相同，两臂从头顶摆至左侧上。4拍右脚向右侧点地成左侧弓步，同时双臂胸前平屈合掌于肩左侧，抬头挺胸。5拍左脚收回单腿提膝，重心向左，同时双臂胸前合掌，抬头挺胸。

② 与①动作相同，方向相反，重复1遍。

③ 与①动作相同，重复1遍。
④ 与②动作相同，重复1遍。

【第三组动作】4×5拍

① 1—2拍右脚向右迈一步成并立。3拍左脚向左迈一步，成右前脚点地。4—5拍左脚微屈，两臂左右自然摆动，右脚向左前，脚跟点地2次，右脚微屈。

②、③、④与①动作相同，重复3遍。

【第四组动作】4×5拍

① 1—3拍左脚迈"十"字步，同时两臂由右向左向前弧形绕臂1周。4拍右脚向1点方向顶胯1次，两脚开立，同时两臂经侧向上摆动1次，抬头挺胸。5拍右脚收回，侧吸腿，同时两臂经侧向左摆动1次，稍低头含胸。

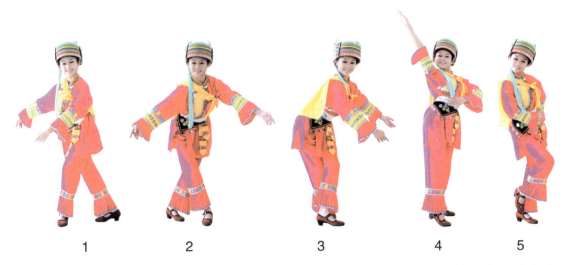

② 1—3拍右脚迈"十"字步，同时两臂由左向右前弧形绕臂1周。4拍左脚向1点方向顶胯1次，两脚开立，同时两臂经侧向上摆动1次，抬头挺胸。5拍左脚收回，侧吸腿，同时两臂经侧向右摆动1次，稍低头含胸。

③ 与①动作相同，重复1遍。
④ 与②动作相同，重复1遍。

【第五组动作】4×5拍

① 1—3拍阿细跳月基本舞步（右、左后踢腿），胸前平屈振臂跳。4—5拍左脚向右脚前蹬腿2次，同时两臂于左肩侧屈击掌，眼向侧看。

1　　　　　2　　　　　3　　　　　4　　　　　5

② 1—3拍阿细跳月基本舞步（左、右后踢腿），胸前平屈振臂跳。4—5拍右脚向左脚前蹬腿2次，同时两臂于右肩侧屈击掌，眼向侧看。

1　　　　　2　　　　　3　　　　　4　　　　　5

③ 与①动作相同，重复1遍。
④ 与②动作相同，重复1遍。

【第六组动作】4×5拍

① 1—3拍阿细跳月基本舞步（右、左后踢腿），右脚向右侧跑动，同时向右侧转体360°，阿细跳月轮臂1周。4—5拍左脚向右脚前蹬腿2次，同时两臂于左肩侧屈击掌，眼向侧看。

1　　　　　2　　　　　3　　　　　4　　　　　5

② 1—3拍阿细跳月基本舞步（左、右后踢腿），左脚向左侧跑动，同时向左侧转体360°，阿细跳月轮臂1周。4—5拍右脚向左脚前蹬腿2次，同时两臂于右肩侧屈击掌，眼向侧看。

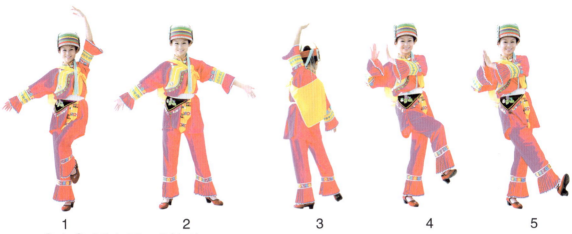

1　　　　　2　　　　　3　　　　　4　　　　　5

③ 与①动作相同，重复1遍。
④ 与②动作相同，重复1遍。

【第七组动作】4×5拍

① 1拍左脚小跳1次，右脚前点地，同时侧肩，两臂前后叉腰。2拍左脚小跳1次，右脚后点地，同时侧肩，两臂叉腰于体侧。3拍左脚小跳1次，右脚前吸腿，同时两臂胸前平屈。4拍右脚向前跨跳一步成右前弓步，同时两臂侧上举，掌心向外，抬头挺胸。5拍右脚并左脚小跳并立，两臂收回于体侧。

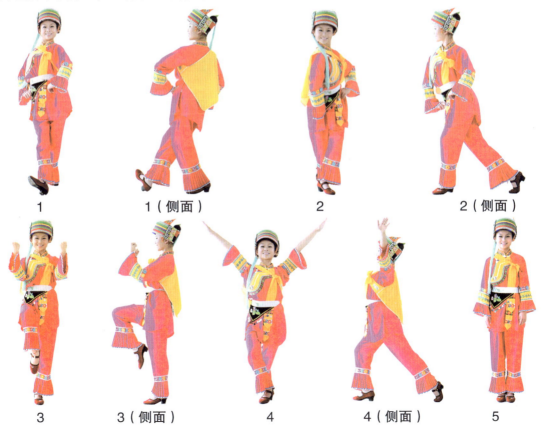

1　　　1（侧面）　　　2　　　2（侧面）

3　　　3（侧面）　　　4　　　4（侧面）　　　5

第十一章　彝族撒尼健身操

②1拍右脚小跳1次，左脚前点地，同时侧肩，两臂前后叉腰。2拍右脚小跳1次，左脚后点地，同时侧肩，两臂叉腰于体侧。3拍右脚小跳1次，左脚前吸腿，同时两臂胸前平屈。4拍脚左向前跨跳一步成左前弓步，同时两臂侧上举，掌心向外，抬头挺胸。5拍左脚并右脚小跳并立，两臂收回于体侧。

③ 与①动作相同，重复1遍。
④ 与②动作相同，重复1遍。

【第八组动作】4×5拍

①1—2拍左脚向左斜前跨1步，右脚并左脚，同时两臂向前弹大三弦动作。3—4拍右脚退回来，左脚于右脚旁侧点地，同时两臂向后弹大三弦动作，抬头看上手。5拍左脚收回，并立，两臂放于体侧。

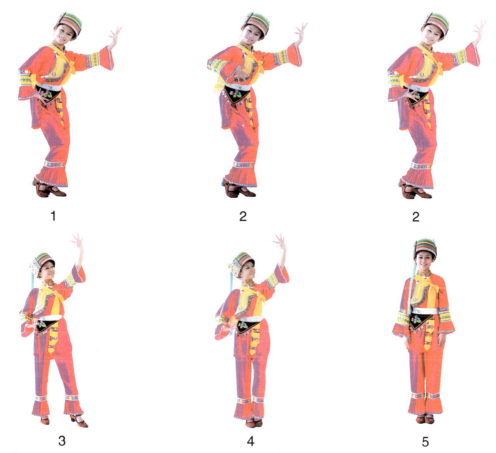

② 1—2拍右脚向右斜前跨1步，左脚并右脚，同时两臂向前弹大三弦动作。3—4拍左脚退回来，右脚于左脚旁侧点地，同时两臂向后弹大三弦动作，抬头看上手。5拍右脚收回成并立，两臂放于体侧。

第十一章　彝族撒尼健身操

3　　　　　　　　　　　4　　　　　　　　　　　5

③ 与①动作相同，重复1遍。
④ 与②动作相同，重复1遍。

【第九组动作】 4×5拍

① 1拍左脚向左侧跨1步。2拍右脚并步，左脚向左侧再跨一步（走2次），两臂上下自然摆动。4—5拍并步，在左侧肩上由上至下依次击掌2次。

1　　　　　　　　　　　2　　　　　　　　　　　3

4　　　　　　　　　　　5

② 1拍右脚向右侧跨1步。2拍左脚并步，右脚向右侧再跨一步（走2步），两臂上下自然摆动。4—5拍并步，在右侧肩上由上至下依次击掌2次。

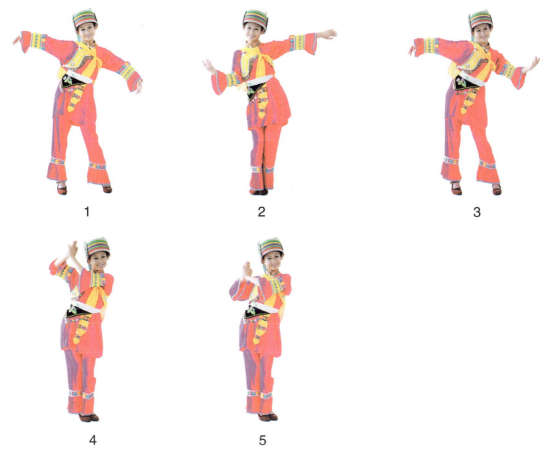

③ 与①动作相同，重复1遍。
④ 与②动作相同，重复1遍。

【第十组动作】 4×5拍

① 1拍左脚向左前迈1步，同时右臂冲拳，左臂握拳于体侧。2拍右脚前踢腿，同时左臂冲拳，右臂握拳于体侧。3拍右脚向后1步，点地，重心向前，同时两臂前平举，冲拳。4拍重心向后，左脚前吸腿，右脚稍屈膝，两臂弯曲，立掌于体侧，眼看1点。5拍右脚并左脚，面向1点成立正姿势。

4　　　　　　　5

② 1拍右脚向右前迈1步，同时左臂冲拳，右臂握拳于体侧。2拍左脚前踢腿，同时右臂冲拳，左臂握拳于体侧。3拍左脚向后1步，点地，重心向前，同时两臂前平举，冲拳。4拍重心向后右脚前吸腿，左脚稍屈膝，两臂弯曲，立掌于体侧，眼看1点。5拍右脚并左脚，面向1点成立正姿势。

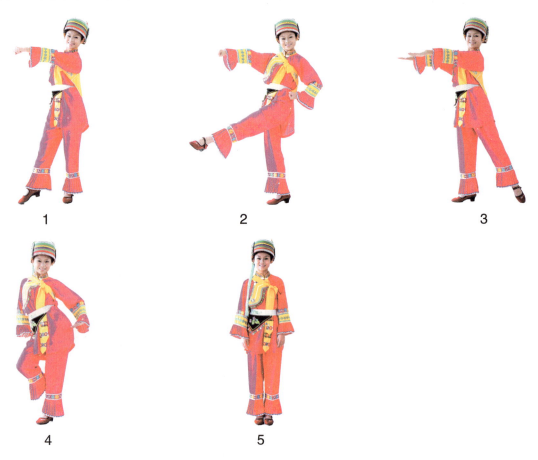

1　　　　　　　2　　　　　　　3

4　　　　　　　5

③ 与①动作相同，重复1遍。

④ 与②动作相同，重复1遍。

【第十一组动作】4×5拍

① 1—5拍面向前侧45°（7点）方向左右脚交换后踢腿跑，同时两臂于体前上下交换振臂。5拍小跳并立、屈膝。

② 1—5拍两臂弯曲于体前，伸直，由下至上到胸前，双脚并立向后小跳2次，抬头挺胸，眼看7点。

第十一章　彝族撒尼健身操　143

③ 1—5拍面向前侧45°（2点）方向右左脚交换后踢腿跑，同时两臂于体前上下交换振臂。5拍小跳并立屈膝。

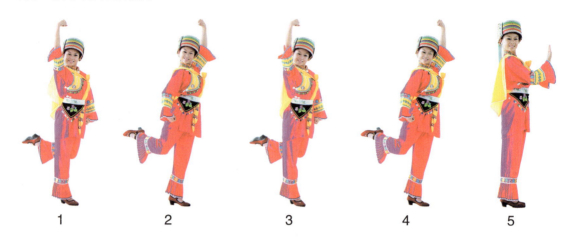

1　　　　　2　　　　　3　　　　　4　　　　　5

④ 1—5拍两臂弯曲于体前，伸直，由下至上到胸前，双脚并立向后小跳2次，抬头挺胸，眼看2点。

1—2　　　　　　　2—3　　　　　　　5

【第十二组动作】4×5拍

① 1拍右脚向右斜前垫步，两臂经体前平推1次。2拍左脚向右侧并步，同时两臂侧平举。3—4拍左脚在右脚前上步，同时右脚后小踢。5拍回到面向1点，成右手叉腰，左手前平举，翘手腕。

1　　　　　　　　2　　　　　　　　3

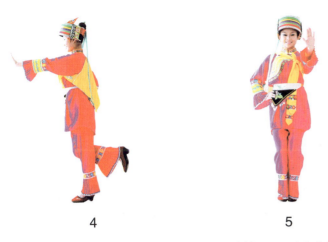

② 1—5拍双脚并立，屈膝，向左原地跳转360°，同时右手叉腰，左臂前平举，翘手腕。

③ 1拍左脚向左斜前垫步，两臂经体前平推1次。2拍右脚向左侧并步，同时两臂侧平举。3—4拍右脚在左脚前上步，同时左脚后小踢。5拍回到面向1点，成左手叉腰，右手前平举，翘手腕。

第十一章　彝族撒尼健身操

④ 1—5拍双脚并立屈膝向左原地跳转360°，同时左手叉腰，右臂前平举，翘手腕。

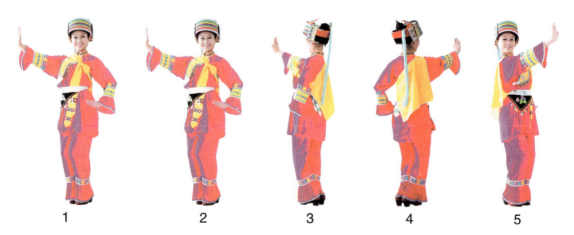

第2遍与第1遍动作相同，中间1×5拍变换队形（共 8组，32×5拍动作）。第2遍队形如下：

X_____0　　X_____0　　X_____0
X_____0　　X_____0　　X_____0
X_____0　　X_____0　　X_____0

```
X_____0    X_____0    X_____0
X_____0    X_____0    X_____0
```

【结束动作】 1×8拍

1—4拍右脚向前迈出，同时向前顶胯，两臂向前上摆动2次。5—6拍髋收回，右脚后点，重心移左脚，同时，两臂于体前击掌2次。7—8拍脚步同上，同时，左手叉腰，右臂肩侧屈手扶于脑后，结束造型。

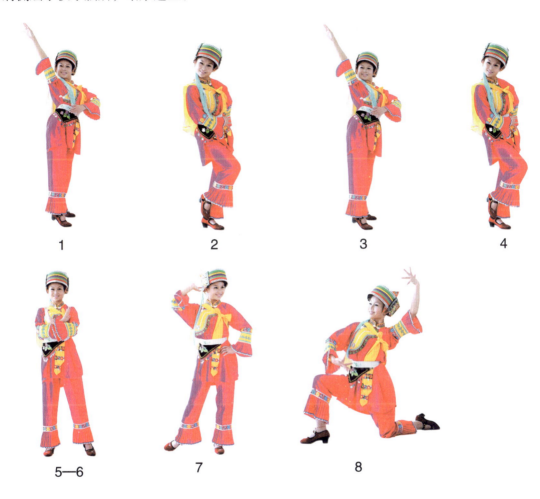

第十二章

民族健身操竞赛规则

第一节 总则

1 宗旨

1.1 本规则适用于少数民族传统体育民族健身操比赛。

1.2 比赛期间,仲裁委员会或裁判委员会可以对规则中未尽事宜做出决定。

1.3 参赛队间本着相互帮助、相互切磋、交流经验的原则、共同提高,促进各民族平等、团结、繁荣、进步。

1.4 本规则为开展少数民族健身操运动,为裁判员公正、准确地评分提供客观依据。

2 选项原则

2.1 民族性:源于少数民族生产、生活的民间传统体育项目或健身方法。民族特点突出,内容健康,充分体现民族传统文化内涵和精华。

2.2 体育性:有突出的体育健身特点,有一定的群众基础和社会推广价值。

2.3 观赏性:表演精练、效果好,具有观赏性,富有艺术感染力。

第二节 场地设置和器材

3 比赛场地要求

3.1 民族健身操比赛场地为16米×16米的木质地板、铺有地毯或其他材质平整地面,室内、室外均可。周边至少有2米的空间。场地四周设有标记带，标出比赛区域。

3.2　场地标记带宽为0.05米，标记带是场地的一部分。

4　器材

4.1　轻器械应为大众所适用并易于推广。

4.2　轻器械应易于制作，材质应有利于健康和环保。

健身操比赛场地示意图如下图所示。

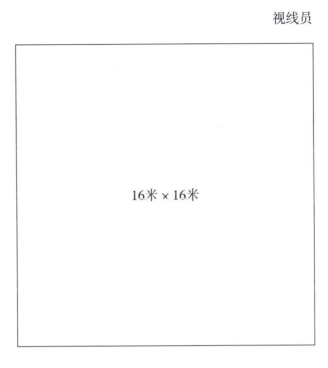

第三节　比赛项目

5　项目分类

民族健身操分徒手健身操和持轻器械健身操两大类。

6　比赛人数

两类健身操比赛人数均为8~12人（含12人），男女比例不限，并可兼项。

第四节 比赛通则

7 比赛程序
7.1 每场比赛前30分钟开始检录，运动员按规定时间到检录处检录。
7.2 检录员提前1个项目将运动员带入比赛场地。

8 比赛时间
民族健身操成套动作时间为4分30秒±10秒，从音乐或鼓点起至音乐或鼓点止，成套动作结束时，音乐应同时停止。

9 比赛方式
民族健身操比赛分两轮进行。两轮比赛所评定的成绩之和确定最后名次。

10 比赛顺序
比赛顺序由抽签排定。

10.1 抽签方法：由各参赛队领队、编导或教练员在仲裁委员会或竞赛部门监督下进行。在特殊情况下，可由组委会的竞赛部门代行抽签。按签号大小顺序排列，即从小至大为出场顺序。

10.2 抽签时间：预赛抽签在赛前技术会上进行，决定预赛出场顺序。决赛抽签在预赛结束后、决赛名单录取后进行抽签决定决赛出场顺序。

11 比赛音乐
11.1 音乐内容

11.1.1 音乐可以使用一首或多首乐曲混合的音乐。音乐的选配要体现本民族音乐特色，在此基础上注意与动作的风格统一，尽可能突出民族时代发展的特征。要求音乐的韵律感强，旋律悦耳动听，节奏鲜明。

11.1.2 音乐内容不得有任何反映暴力、庸俗、反动等不健康的元素。

11.2 音乐前奏：民族健身操音乐速度在20~24拍/10秒，音乐允许有前奏，前奏时间一般不超过两个8拍。

11.3 音乐制作：各参赛队的音乐可使用CD或盒式录音磁带录制，每碟或每盒限1个曲目。录音带曲目应设置在A面开始部位。参赛各队必须提供高质量的CD或录音带，大会不接受不符合要求的CD或录音带；由于CD或录音带自身质量问题而影响比赛的，大会不负责。

11.4 各参赛队在碟片上或盒式录音带上写明所属队名和参赛项目名称。各参赛队必须要有备用音乐。

12 比赛服装与仪容
12.1 比赛服装：比赛时运动员必须穿民族服装。服装应该在保持民族特色的基础上进行改良，使之便于运动。服装可有图案，禁止有描绘战争、暴力等不健康内容的图案、文字。

12.2 饰物：可以佩戴表现本民族特色的饰物，饰物的材质、形状必须是安全的，原则上饰物不能散落。

12.3 妆容：各参赛队运动员比赛时，要求发型整洁，需化淡妆，妆容要亮丽、庄重。

13 比赛器械

比赛器械的选择可根据需要使用具有民族特色的器械，器械必须是安全的。器械的使用应与成套动作内容完美结合，与主题相吻合，能体现本民族特点，并具有健身作用。

14 违规及处罚

在比赛中或比赛前后，如运动队出现下列违规行为，经裁判委员会及仲裁委员会审议，可对该参赛队进行处罚：取消其所得成绩或名次，同时取消参加其他项目比赛的资格。

14.1 弃权：检录时点名3次不到者；裁判员通知某队开始比赛，该队超过30秒钟未上场；中途退出比赛（特殊情况除外）。

14.2 罢赛：抽签后，运动队由于某种"原因"拒绝参加比赛。

14.3 不服从裁决：不服从裁判员的判决和指挥，严重影响比赛进程，造成极坏影响。

第五节 评判办法

15 评判标准

15.1 民族基础和民族特色。

15.2 鲜明的体育特点及健身效果。

15.3 挖掘整理的新项目，有所发展和完善的老项目。

15.4 具有一定的普及和社会推广价值。

15.5 编排、表演质量及观赏效果。

16 评分方法

16.1 比赛评分采用10分制。裁判员的评分精确到0.1分。运动队（运动员）的得分精确到0.01分。

16.2 成套动作评分的分值：成套民族健身操动作的分值分配为以下三大方面：①组织编排：3分；②完成情况：5分；③总体印象：2分。

17 成套动作评分

成套动作评分包括组织编排分、完成情况分、总体印象分和裁判长减分。

17.1 组织编排的评分：成套动作编排要立意新颖、风格独特、连接巧妙、流畅连贯；整套动作要有起伏、有高潮，具有民族体育和艺术美的感染力；动作节奏有变化，开始、结束动作清晰；成套动作中不得少于6次不同的队形变化；能充分合理利用场地；动作的设计、选择应符合运动员体能特点，技术水平应注意动作对身体的影响，要有利于健康；动作素材的设计、选择要有利于民族健身操的发展，过于舞蹈化和技巧性难度大的动作应受到限制，否则总体评价将受到影响。

17.1.1 健身的全面性和编排的科学性：成套动作的编排要以操化动作为主。操化动作应包括头颈、上肢、躯干及全身各部位、各关节的运动，并具有全面健身的作用。操化动作的设计和选择要符合年龄特点和民族健身操特点，运动量的安排要合理，不能选择对身体造成损伤的动作。如全面健身性不够，民族健身操特点不突出，内容不符合年龄特点以及出现对身体易造成伤害的动作，则视其程度分别扣0.1~0.5分。

17.1.2 艺术性、动作的编排、设计要新颖、舒展、美观、大方，成套动作的连接要合理、巧妙、流畅，动作素材要多样，队形变化要自然清晰。

如出现编排不够新颖，连接不够合理，素材单调以及队形变化混乱时，则视其情况分别扣0.1~0.5分。

成套动作的队形变化不得少于6次，否则每少一次扣0.1分。

整套操风格不突出，缺乏感染力，则视其不足程度分别扣0.1—0.3分。

成套动作开始、结束动作不清晰分别扣0.1分。

17.1.3 音乐和动作风格的一致性：音乐的选择要和动作的风格协调统一，音乐曲调要动听、优美、健康，节奏明快并适合年龄组的特点，音乐的剪接要清楚完整，否则扣0.1~0.3分。

音乐速度不符合规定扣0.1分。

音乐与动作风格缺乏一致性扣0.1~0.2分。

音乐与结束动作不一致扣0.1分。

17.1.4 利用场地的合理性：成套动作的编排要充分合理地利用场地，否则扣0.1~0.2分。

17.2 完成情况的评分：裁判应对完成动作时出现的不同错误，分别按轻微错误、显著错误、严重错误3种情况扣分。轻微错误扣0.1~0.2分；显著错误扣0.3~0.4分；严重错误扣0.5分。完成情况的评分因素如下。

17.2.1 成套动作的准确性：动作是否规范、准确到位、姿势正确。

基本姿态稍差，与正确动作稍有出入，扣0.1~0.2分。

基本姿态较差，动作不太正确，扣0.3~0.4分。

基本姿态差，动作不符，扣0.5分或更多。

17.2.2 成套动作的熟练性：在完成成套动作过程中，要求动作熟练，如有明显停顿或是动作不熟练均要相应减分。

个别动作不太熟练，扣0.1~0.2分。

部分动作不太熟练，动作不协调，扣0.3~0.4分。

整套动作不熟练，动作笨拙，扣0.5分或更多。

17.2.3 成套动作的幅度：动作幅度是指关节活动范围的大小，增加动作幅度是利用人体解剖结构的可能性来实现的。动作幅度大小不仅影响表演效果，而且关系到动作的难度和质量。在动作完成过程中应对个别动作幅度小、局部动作幅度小或整套动作幅度小进行相应的减分。

个别动作幅度小，扣0.1~0.2分。

部分动作幅度小，扣0.3~0.4分。

整套动作幅度小，扣0.5分或更多。

17.2.4 成套动作的力度：力度是民族健身操的重要特点之一，与成套动作质量密切相关。它区别于人们对力量的理解，它是运动时力的速度变化，是通过加速到短暂制动来体现的。僵直、不协调的动作不是力度的表现。在完成动作过程中关节的屈伸要有明显的弹性，瞬间关节的强直伸展会造成对关节的高冲击和挤压，因此限制瞬间的强直伸展动作。成套动作完成时要有力度，力度不够、无力、松懈要相应的进行扣分。

力度不够，稍差，扣0.1~0.2分。

力度稍差，动作松懈，扣0.3~0.4分。

力度较差、僵直、无力且不协调，扣0.5分或更多。

17.2.5 成套动作的节奏：是指动力在时间、空间上得到合理的分配，用最省力的方法完成最大动作，使肌肉紧张与放松相交替是节奏的根本原则。

稍失去节奏，扣0.1~0.2分。

几个动作或几个人同时明显失去节奏，扣0.3~0.4分。

大部分动作或多数人同时明显失去节奏，扣0.5分或更多。

17.2.6 成套动作的一致性：

个别人出现不整齐、不一致，扣0.1~0.2分。

几个人出现不整齐、不一致，扣0.3~0.4分。

多数人不整齐、不一致，扣0.5分或更多。

17.2.7 失误：

每掉一次器械，扣0.3分。

每摔倒一次，扣0.5分。

17.3 总印象的评分：总印象是指从整体上评价整套操的表演效果，包括下列因素。

17.3.1 动作优美性：动作表现不协调，缺乏美感，应分别扣0.1~0.3分。

17.3.2 表现力：

17.3.2.1 完成成套动作时，表情平淡、呆滞、缺乏激情、缺乏感染力，扣0.1~0.3分。

17.3.2.2 表情过分夸张，过于戏剧性的表现，有意取悦观众，扣0.2分。

17.3.3 装饰和化妆：

服饰不符合规定，扣0.2分。

戏剧妆，扣0.2分。

17.3.4 比赛时饰物或装束散落，扣0.1分。

17.4 裁判长扣分

17.4.1 成套动作的时间不足扣0.2分，时间超过扣0.2分。

17.4.2 出界：

17.4.2.1 每个运动员单脚、双脚或身体触及边线外缘以外的地面，判做出界，每出界1次扣0.1分。

17.4.2.2 器械触及边线外缘以外的地面，判做出界，每出界1次扣0.1分。

17.4.3　着装不符合规定，扣0.2分。
17.4.4　参赛人数不符合规定，缺少或增多1人，扣0.2分，依此类推。

第六节　成绩与名次判定

18　成绩判定

每项比赛，裁判员按标准在评分表上打分。裁判员的评分去掉1个最高分和1个最低分，中间分数的平均分即为得分，再减去裁判长减分即为最后得分。

19　名次评定

按各项目分别汇总成绩，分数高者名次列前。如遇分数相同，看第二轮成绩，分数高者名次列前。

第七节　申诉

20　比赛前的申诉

对运动员参加比赛资格提出异议，应在大会开始前向仲裁委员会或裁判长提出，在未有结果前，应允许该队员参加比赛。

21　比赛后的申诉

参赛运动队若对比赛结果有异议，可在比赛结束后2小时内向仲裁委员会提出书面申诉意见，同时交纳申诉费。仲裁委员会对申诉作最终的裁决。

第八节　裁判人员及职责

22　裁判人员

民族健身操设裁判长1人、副裁判长2~3人，裁判员、视线员、记录员、记时员、检录员、宣告员、放音员等若干人。

23　裁判员职责

23.1　裁判长

23.1.1　负责主持整个裁判工作，组织裁判员学习。
23.1.2　对比赛中发生的问题进行处理。

23.1.3 对严重违犯规则的运动员，有权取消比赛资格。

23.1.4 有权处理在执行裁判工作中犯有严重错误或不称职的裁判员。

23.1.5 审核并签署比赛成绩单。

23.1.6 召开裁判员会议，对当日比赛进行小结。

23.2 副裁判长

23.2.1 协助裁判长进行工作，当裁判长不在时代行其职务。

23.2.2 比赛前，带领裁判员检查场地设施和运动员比赛器材。

23.3 裁判员

23.3.1 准备好裁判员的服装和裁判用具。

23.3.2 着装要求：服装统一、整洁。

23.3.3 比赛用具：记录用笔、评分表等。

23.3.4 根据规则要求，认真进行裁判工作。

23.3.5 认真填写评分表，并在表上签字。

23.3.6 赛前检查场地设施、运动员比赛器材。

23.3.7 召集各队运动员按时进入比赛场地，通知竞赛注意事项。

23.4 视线员

23.4.1 比赛中观察运动员或器械是否出界，对出界情况予以记录并按规定出示红旗。

23.4.2 一套动作比赛结束，迅速将填写的视线员记录登记表送交裁判长。

23.5 记录员

23.5.1 负责比赛所需用具：评分表、计算器、纸、笔等。

23.5.2 负责参赛项目的时间计时工作。

23.5.3 负责将各裁判员的评分进行计算，取分数平均值

23.5.4 填写每场比赛的总记分表，并交裁判长审核、签字。

23.6 计时员

比赛中对运动队的实际比赛时间进行真实记录并送交裁判长及记录处。

23.7 检录员

23.7.1 比赛前30分钟检录。

23.7.2 检录后将运动员带入场地候场。

23.7.3 将比赛完毕的运动员带出场地。

23.8 宣告员

23.8.1 每场比赛开始介绍裁判员。

23.8.2 播报比赛出场顺序。

23.8.3 播报项目介绍。

23.9 放音员

23.9.1 比赛前整理各队所交录音带或CD，据比赛顺序排列编号、封存。

23.9.2 比赛时根据各队比赛顺序播放音乐。

23.9.3 比赛结束后录音带或CD及时归还各参赛队。

第十三章

民族健身操竞赛裁判法

民族健身操竞赛裁判法是民族健身操裁判员的实际工作方法。它帮助裁判工作人员对比赛中的各种情况做出正确、及时地处理和评判，目的是便于裁判员对运动员的现场表现做出客观准确的评价，起到推动民族健身操发展的作用。该裁判法介绍了民族健身操裁判员应具备的基本素质、各项工作的职能、工作程序和评分方法，有助于民族健身操裁判员更好地完成执法任务，保证比赛圆满顺利地进行。

第一节　裁判工作人员应具备的基本素质

优秀的民族健身操裁判员应具备较高的思想素质和业务素质，做好裁判工作有助于运动员养成遵守竞赛规则，公平竞争的习惯，对提高比赛水平，推动民族健身操的发展具有十分重要的意义。裁判员应当不断地学习研究，透彻地理解规则，使自己执法的比赛更加精确，并力求通过自己对规则的理解，使每一场比赛都能在正确的精神指导下进行。因此，民族健身操裁判员应具备以下几种素质：

（1）热爱民族体育事业，工作积极认真，责任心强，严格遵守严肃、认真、公正、准确的基本原则，加强裁判员自身的职业修养。

（2）要具备良好的心理素质，对比赛要保持一种不带任何感情色彩的冷静态度。

（3）要认真地学习规则、裁判法，精通规则与裁判法。对任何违背规则精神的行为都应给予准确而严厉的判罚，使运动员认识到裁判员执行规则的坚定性。要求评分准确、快速。

（4）裁判员自身要具有良好的综合艺术素养，加强体能训练，提高身体素质以适应比赛的需要。

第二节 裁判委员会的组成和职能

一、裁判委员会的组成

裁判委员会成员通常为14~16人，设裁判长1名，副裁判长2~3名，裁判员、视线员、记录员、记时员、检录员、宣告员和放音员等辅助裁判员若干名。

二、裁判委员会的职能

（一）裁判长的职能

裁判长的职能是全面负责大会的裁判工作，监督整个比赛情况，处理影响比赛进程的违纪情况或特殊情况；查看裁判员的评分，对在裁判工作中表现不佳或有倾向性打分的裁判员提出警告。具体工作如下。

1. 比赛前的工作

（1）指导记录处编排竞赛日程与秩序册工作。

（2）组织赛前抽签。

（3）组织召开裁判委员会工作会议。

（4）为了完成好裁判任务，裁判长应在比赛前组织召开全体裁判员工作会议。会议内容主要包括以下几点：①确定裁判委会成员的分工；②组织裁判员学习大会有关文件，加强裁判员的思想教育；③组织裁判员学习竞赛规程、规则与裁判法，统一判罚尺度；④解决各种疑难问题。

（5）召开教练员联席会议：为使比赛顺利进行，裁判长应在比赛前参加由赛会组织召开的教练员联席会议，并向教练员讲明临场判罚尺度、竞赛执法要求及注意事项。

（6）负责检查落实场地器材，安排训练场地日程表和辅助裁判人员的分工。

（7）组织裁判员赛前实习，带领裁判员进行试评工作。

（8）指导宣告员、放音员检查录音带或CD登记、宣告员的稿件、音响设备试放等各项工作。

（9）指导和检查记录处的表格、技术培训工作。

（10）指导和检查检录处的地点、用具、表格及各项工作。

2. 比赛中的工作

（1）全面组织和领导裁判委员会的各项工作。

（2）比赛中认真记录掌握比赛动态信息，及时调控。

（3）根据规则的精神解决比赛中出现的各种问题。

3. 比赛结束后的工作

（1）主持召开裁判委员会工作总结会议，认真总结经验，帮助裁判员和辅助裁判人员提高业务水平。在赛程的一定阶段召集全体裁判员会议，其内容包括：①评价执法过程中心理状态；②评价执行规则情况和控制引导比赛的能力；③评价关键判罚的准确性；④评价相互配合情况；⑤宣布重大问题处理意见的报告；⑥布置下一阶段的任务和具体要求。

（2）宣布比赛成绩。
（3）赛后向大会提交工作总结。

（二）副裁判长的职能

副裁判长的职能是协助裁判长开展工作，或分管某一部分工作。主要工作如下。

1. 比赛前的工作

（1）协助裁判长组织裁判员进行规程、规则、裁判法的学习，统一评分标准、研究评分细则。

（2）协助裁判长做好试运转工作，在宏观控制和微观把握的基础上，认真研究、充分讨论。

（3）组织安排发放裁判员用品，检查记录台，检录台的准备工作。

（4）协助裁判长检查场地、器材，做好比赛的后勤工作。

（5）组织裁判员入场。按民族健身操比赛要求和特点，在每场比赛开始前组织裁判员统一进场。入场的一般顺序为总裁判长、副总裁判长、裁判员、记录员、计时员等。

（6）组织裁判工作人员在赛前30分钟到达比赛场馆，做好各项裁判准备工作。

2. 比赛中的工作　根据比赛场地的分布，负责部分场地的比赛监督工作，对相关技术问题予以解决。

3. 比赛后的工作　总结经验，协助裁判长做好善后工作。

（三）裁判员的职能

（1）赛前认真学习规程、规则、裁判法，比赛中独立进行评分；根据规则要求，认真进行裁判工作。

（2）准备好裁判员的服装和裁判用具。着装要求：服装统一、整洁。比赛用具：记录用笔、评分表等。

（3）赛前检查场地设施、运动员比赛器材。

（4）赛前根据该项比赛顺序填写评分登记表。

（5）按裁判员评分登记表，做好评分记录，并在表上签字便于核查。

（6）尊重并服从裁判长的领导。

（7）发现运动员有违反规则行为，有义务向裁判长报告。

（8）无权向领队、教练员谈评分问题，更不应将裁判组内有关评分的讨论情况向外泄露，一经发现，视情节轻重给予严肃处理。

（9）召集各队运动员按时进入比赛场地，通知竞赛注意事项。

（四）视线员职能

（1）评判运动员或器械是否出界，对出界情况予以记录并按规定举起红旗。标记带是比赛场地的一部分，因此触线是允许的，但身体或器械任一位置接触线外的地面将被减分。肢体或器械空中出线不扣分。

（2）动作比赛结束，迅速将填写的视线员记录单送交裁判长。

（五）记录员的职能

（1）负责对整个比赛评分的统计工作，要做到快速、准确。

（2）赛前协助裁判长进行预赛抽签，并做好记录。

（3）根据比赛抽签顺序编排比赛出场顺序表；准备相关的竞赛表格和审核工作。

（4）比赛中认真登记裁判员评分，迅速计算最后得分。

（5）负责将每场比赛的评分表，记录表审核、签字并交裁判长封存。

（六）检录员的职能

（1）熟悉比赛全过程，全面负责检录工作。

（2）赛前30分钟第1次点名检录，赛前15分钟第2次点名检录，赛前5分钟将运动员带入场地候场；

（3）将比赛完毕的运动员带出场地。

（4）发现有弃权或更换运动员情况，立即报告裁判长、记录员、宣告员、放音员。

（5）指导运动员出入场，保证场地纪律，不允许非比赛人员入场。

（6）组织开幕式、闭幕式及发奖的进退场，并与宣告员、记录处确定联系信号。

（七）计时员的职能

（1）赛前熟悉计时器性能及使用方法。

（2）比赛时对运动队的比赛时间进行真实记录。

（3）本项结束后及时核对记录，确认无误时交裁判长签字后、交记录处。

（八）宣告员的职能

（1）熟悉民族健身操特点、规则和规程，并有一定的语言表达能力。

（2）赛前参加裁判组学习并写好广播稿，送裁判长审阅，不随意广播未经批准的内容。

（3）必须参加试评工作并进行试播，检查播音效果。

（4）比赛开始前，介绍仲裁委员会和裁判委员会成员；宣布比赛开始、播报比赛出场顺序，比赛内容、播报项目介绍。

（5）比赛中指挥入场与退场，宣读裁判员的评分和最后得分。

（6）比赛中，利用赛前、裁判员评分时进行民族健身操知识的宣传广播（运动员做动作过程中不得播音）。

（九）放音员的职能

（1）运动员报到时，组织各队填写音乐登记卡，并收存各队各项录音带或CD，同时对每首参赛曲目进行试听检查，并根据比赛顺序排列编号、封存。

（2）比赛时根据各队比赛顺序播放音乐，赛前与裁判长、记录处、检录处联系，确认比赛顺序。

（3）预赛结束后，根据决赛出场顺序及时排列编号、封存。

（4）比赛结束后将录音带或CD及时归还各参赛队。

（5）比赛中，不准任何人借用或复制录音带或CD。

第三节　比赛程序

一、赛前阶段

（1）召开裁判员会议，召集裁判员进行规则与裁判法的学习。

（2）检查比赛所用的各种设施、器材、用品。
（3）布置比赛场地。
（4）组织试运转。

二、比赛阶段

（1）裁判工作人员提前30分钟到比赛现场，做好各项准备工作，在赛前5分钟，定位候场。
（2）检录。第1次在比赛前30分钟，第2次检录在赛前10分钟，第3次检录在赛前5分钟，定位候场。
（3）裁判员、运动员入场，宣告员介绍裁判委员以后，按照比赛顺序开始比赛。
（4）第1个队做完动作，裁判员迅速评分，填写评分表，交到裁判长处。
（5）裁判长检查所有的裁判评分，若无错误，交给记录员计算平均分与最后得分。
（6）宣告第2个队入场比赛，以此类推。

三、赛后阶段

（1）记录员整理比赛总成绩表，排列名次，交裁判长确认。
（2）裁判长检查比赛总成绩表，确认无误后，签名，交大会公布。

第四节 竞赛相关表格

1. 少数民族健身操竞赛裁判员评分表　如表13-1所示。

表13-1 少数民族健身操竞赛评分表

预赛□ 决赛□（用"√"表示）　　　　项目：徒手□　器械□

参赛队名称＿＿＿＿＿＿＿＿＿　　　　出场顺序＿＿＿＿＿＿＿＿＿

裁判员编号＿＿＿＿＿＿＿＿＿

评 分 内 容		
组织编排 （3分）	完成情况 （5分）	总体印象 （2分）

最后得分：＿＿＿＿＿＿　　　　裁判员（签名）：＿＿＿＿＿＿

2. 少数民族健身操竞赛视线员评分表　如表13-2所示。

表13-2　少数民族健身操表演比赛（视线员）专用评分表

预赛□　决赛□（用"√"表示）　　　　　　　项目：徒手□　器械□

参赛队名称_____　　　　　　　　　　出场顺序_____

视线员编号_____

　　　　　　　　　　　　　　　　　　　　　　　　　　　视线员签名：

3. 少数民族健身操竞赛成绩记录表　如表13-3所示。

表13-3　少数民族健身操竞赛成绩记录表

预赛□　决赛□（用"√"表示）　　　　　　　项目：徒手□　器械□

出场顺序	参赛单位	裁判评分							平均分	裁判长减分	最后得分	名次
		1	2	3	4	5	6	7				
1												
2												
3												
4												
5												

记录员：　　　　　　　　　　　　　　　　　　裁判长：

　　　　　　　　　　　　　　　　　　　　　　　　　年　月　日

第十三章　民族健身操竞赛裁判法

4. 少数民族健身操竞赛成绩总记录表　如表13-4所示。

表13-4　少数民族健身操比赛成绩总记录表

项目：徒手□　器械□（用"√"表示）

序号	参赛单位	项目名称	预赛得分	决赛得分	最后得分	名次
1						
2						
3						
4						

记录员：　　　　　　　　　　　　　　　　裁判长：

　　　　　　　　　　　　　　　　　　　　　　　　　年　　月　　日

第十四章

营养与健康

第一节 营养与营养素

一、营养的概念

营养是指生物或使生物从外界吸取适量有益的物质（如动物的食料、植物的肥料、人类的食物等）和避免吸取有害的物质，以谋求养生的行为或作用。在营养这个过程中，各种食物必须被机体充分吸收利用才能称为营养；如果只是将食物吃进肚中进行了简单的消化，而没有被机体吸收利用，就不能称为营养。

不合理的营养不仅不能对人体健康起到积极作用，还有可能成为引发许多疾病的根源，如高血压病、高脂血症、冠心病、癌症、食物中毒等疾病的发生均与不合理营养有密切关系。

二、营养素

（一）营养素概述

人体获得营养必须从外界获取各种食物。食物的种类多种多样，但是不同食物中对人体有营养价值的成分只有七类，它们是糖类、脂肪、蛋白质、维生素、无机盐、水、食物纤维。食物中这七类有效的营养成分叫做营养素。每种营养素都有其特殊的营养功用，缺一不可。人体必须均衡摄取各种营养素，才能获得健康的体魄。

营养素必须从食物中获得。但任何一种食物都不可能包含所有的营养素，并且各种食物中所含营养素的种类和含量也不相同，任何一种营养素也不可能具备各种营养功能。因此，人体必须从多种食物中摄取各种营养素。

（二）不同营养素分述

7种营养素中，糖类、脂肪、蛋白质的主要作用是为机体提供热量和构成机体组织；维生素、无机盐、水、食物纤维的主要作用则是调节人体的各种生理功能。

1. **糖类** 主要来源于粮谷类和根茎类食物，如各种粮食、豆类、薯类等；其次来源于食糖，如蔗糖和麦芽糖；此外蔬菜和水果也是获得糖类的重要来源。

糖类对机体的作用非常重要。它是构成机体组织的组成成分之一，也是机体热量最主要和最经济的来源。糖类还是大脑唯一的供能物质。人脑的重量虽然只占人体重量的2%左右，但大脑消耗的热量却占机体热量消耗总量的20%。尽管人体消耗的热量可以由糖类、脂肪和蛋白质3种物质提供，但人脑在利用能源物质上只能依靠糖类供给热量。人脑每天需要116~145克糖类，当糖类供应不足时，脑的能量供应水平随之下降，轻者感到头昏、疲倦，重者则会发生昏迷。因此，保证糖的足量摄入对促进人脑的复杂功能是十分重要的。如果缺乏糖的供给，大脑的功能将受到严重影响。这一点对于以脑力劳动为主的人群有非常重要的意义，在平时的膳食中应特别注重对糖的足量摄取；此外，糖还是脂肪和蛋白质在体内吸收利用的重要中介物。当缺乏糖时，脂肪和蛋白质在体内的代谢都不能正常进行。

目前，根据我国膳食标准，中国营养学会推荐糖的适宜摄入量应占每日总热量的60%以上。在摄入糖类时应该以粮谷类食物、根茎类食物和蔬菜水果为主，而对蔗糖的摄入应该减少到最低限度。研究证实，蔗糖摄入过多对机体有许多危害，如肥胖、糖尿病、冠心病、龋齿、近视等均与蔗糖的过多摄入有关。

2. **脂肪** 可分别从动物性食物和植物性食物中获得。动物性食物包括猪油、牛脂、奶油、鱼油及蛋黄等。植物性食物包括菜油、麻油、花生油等植物油及坚果类食品。

适量地摄取脂肪对人体有着非常重要的生理意义。脂肪是机体热量的重要来源之一，而且含有的热量是糖类的2倍；脂肪还是机体吸收利用脂溶性维生素的重要介质，如果不能足量摄入脂肪，极易引起脂溶性维生素的缺乏，所带来的后果是相当严重的。如维生素E缺乏时会使皮肤干燥、月经不调甚至引起婚后不孕等。

此外，脂肪还有一个非常重要的作用：它有助于机体"减肥"！许多人在减肥期间，往往采用低热量的饮食方法，这种饮食容易使人感到饥饿，不能长期坚持，且容易导致减肥中途失败。如果在减肥期间能够经常适度摄入脂肪，则减肥的效果要好得多。原因是脂肪在胃中滞留时间较长，可延迟胃的排空，同时脂肪进入十二指肠后，能刺激产生肠抑胃素而使胃收缩受到抑制，这有助于控制饥饿感的发生。同时适量地摄入脂肪还可保持女性的曲线美，原因在于脂肪能使皮肤丰满不皱缩，富于弹性不松软，还能使皮肤光泽润滑，使女性的身体看起来丰满匀称。

如果过量摄取脂肪，则会给机体带来许多负担，不仅使人体臃肿、行动笨拙，而且容易诱发多种疾病，如高脂血症、肥胖病、冠心病、糖尿病等。

目前，根据我国膳食标准，中国营养学会推荐脂肪的适宜摄入量应占每日总热量的20%~30%，并且在摄入脂肪时，应该以植物性食物为主要获取来源。

3. **蛋白质** 最好来源是各种动物性食物，如蛋、奶、鱼、肉等，其中鸡蛋中的蛋白质是营养价值最高的蛋白质。植物性食物中豆类也是非常重要的蛋白质来源，与粮谷类食物混食是获得蛋白质的最好途径。

蛋白质的主要生理作用有：是构成机体组织细胞的主要物质，神经、肌肉、内脏、血液、骨骼，甚至指甲和头发中都含有蛋白质。同时，蛋白质也是构成体内的酶、抗体、激素、血红蛋白等维持生命所不可缺少物质的组成成分。当蛋白质摄入不足时，会严重影响幼儿、青少年的生长发育，导致生长迟缓、发育不良，甚至可引发智力障碍；在成年人，则会发生贫血、抵抗疾病能力下降、易疲倦等现象。现代社会，学习紧张，生活节奏快速，要求他们有较强的抵抗疲劳及各种疾病的能力，因此应重视对于蛋白质的足量摄入，以促进身体健康。

当然，过多地摄入蛋白质对机体同样有害。摄入过多的蛋白质，在代谢过程中会增加机体肝脏和肾脏的负担，同时大量蛋白质在肠道内被细菌分解，将产生大量胺类，对人体不利。

目前，根据我国膳食标准，中国营养学会推荐的每日蛋白质适宜摄入量为：男性80~90克，女性70~80克。

4. **维生素** 维生素是机体正常生命活动不可缺少的物质。它不提供热量，也不是机体组织结构的成分。但在机体的代谢、生长、发育过程中却起着重要的作用。

每种维生素都有各自不同的特殊功能，缺一不可。一种维生素不能代替另一种维生素的作用，缺乏任何一种维生素都有可能引起某种特殊的疾病。由于多数维生素不能由人体自行合成或合成量不足，因此大部分维生素必须从食物中获得。牛奶、鸡蛋、粗粮、各种蔬菜、水果、动物肝脏、植物油是获得维生素的主要来源；茶叶中也含有多种维生素，其中维生素C的含量最多。

维生素包括脂溶性维生素和水溶性维生素两类。

（1）脂溶性维生素：包括维生素A、维生素D、维生素E、维生素K；其中维生素A能维护正常视力，保持头发、皮肤、黏膜的健康，成人每日摄入量为800微克；维生素D的作用是促进钙质吸收，维护骨骼、牙齿健康，防止骨质疏松，成人每日摄入量为5微克；维生素E是人们一日三餐必需的营养素，它具有保健和抗衰老的作用，成人每日摄入量为10毫克；维生素K可以帮助血液凝固，还具有促进肠道蠕动、增强消化吸收的作用，成人每日摄入量为1毫克。

（2）水溶性维生素：包括维生素B族和维生素C。其中维生素B_1可以协助糖转化为热量，还具有促进消化增进食欲的功能，成人每日摄入量为1.3毫克；维生素B_2的作用是维护皮肤黏膜的完整性，保证肌肉的正常发育，成人每日摄入量为1.2毫克；维生素C具有提高机体抵抗力、增强机体应激能力和抗癌的作用，成人每日摄入量为100毫克。

尽管维生素对人体有重要意义，但摄入必须适量。摄入过少会引起缺乏症，过多则引起中毒，必须严格按照机体需要量摄入。同时机体应主要通过食物摄入维生素，在食物补充适量的情况下不必另外补充维生素制剂。

5. **无机盐** 又称为矿物质，它是指除碳、氢、氧、氮以外的所有存在于机体内的其他元素。根据体内含量的不同可分为常量元素和微量元素两类。常量元素有钙、钠、钾、镁、磷、硫、氯等7种；微量元素有铁、铜、锌、锰、氟等。无机盐存在于许多食物当中，如谷类、豆类、奶类、各种蔬菜、海带、木耳、虾米、动物性肝脏等食物中。

无机盐的主要生理作用为：在维持神经兴奋的传导、肌肉收缩、酶的活性、血液的酸碱平衡等方面起着关键性的作用。此外无机盐还参与构成机体组织，如钙、磷、氟是构成骨骼和牙齿的重要成分。如果无机盐缺乏时，极易导致机体产生许多疾病，如缺钙时，易发生骨质疏松；缺铁时易导致缺铁性贫血；缺锌易引起青少年性成熟推迟及伤口愈合困难；缺钾容易引起神经传导减弱，反应迟钝；缺碘时造成甲状腺素合成不足，引起甲状腺肿大（俗称大脖子病）等。因此无机盐又被称为"生命元素"，膳食中应重视对它的足量摄入。

按照中国营养学会推荐的营养素摄入量标准，一般成年人每日无机盐的适宜摄入量为：钙800毫克；铁男性15毫克、女性20毫克；磷700毫克；钾2 000毫克；钠2 200毫克；锌10~15毫克；铜2.0毫克；硒50微克；氟1.5毫克。

在人体的物质代谢中每天都有一定量的无机盐排出体外，如出汗时会有大量的钠从汗液中丢失。因此在平时的膳食过程中应经常注意适当补充无机盐，特别是食物补充，以维持体内无机盐的动态平衡。

6. 水　占人体体重的60%~70%，是维持人体正常生理活动的必不可少的物质。人体在缺乏食物时可存活好几个星期，但缺水时只能维持数天。人体每日摄入水的总量约为2 500 ml，分别是通过3种方式获得的：一是在摄取食物时获得的水分，约为1 000 ml；二是通过饮用水和其他饮料所得到的水，约为1 200 ml；三是通过热源物质在体内氧化时生成的水而获得的，约为800 ml。

水几乎参与机体所有的生命活动。它是细胞和体液的重要组成成分；同时水还参与体内许多代谢过程，食物的消化吸收、运输、排泄都必须在水的参与下进行；此外水在腺体分泌、体温调节等方面起着十分重要的作用。

水分摄入不足、大量出汗、腹泻等均可引起体内缺水。缺水程度达体重的2%时，可使机体产生不适或运动能力下降；缺水达体重的8%以上时机体将发生衰竭。因此人体每日必须摄入足量的水，以保证各种生命活动的正常进行。

7. 食物纤维　又称为"第七营养素"，它广泛存在于谷类、豆类、薯类、蔬菜、果皮及人们喜欢吃的野菜等食物中。

它对人体的健康有着重要的生理意义，在促进消化、防止便秘、防治直肠癌和结肠癌、预防糖尿病、控制体重等方面都起着重要作用，在膳食过程中应设法经常摄入定量的食物纤维。如果摄入的食物纤维过多，则会影响某些食物成分的吸收和利用，如降低铁、锌、钙、镁等元素的利用率、引起腹部胀气和大便次数增多等腹部不适等。

正常成年人每日的食物纤维供给量应为4~12克。在每日膳食中，不宜过分精细，应将各种食物粗细搭配，荤素结合，以保证食物纤维的有效获取。

第二节　热量

一、热量的来源

人体的一切活动如呼吸、消化、血液循环、心脏跳动、肌肉收缩、腺细胞分泌、神经细胞兴奋等都需要热量。这些热量都来自于食物中的糖、脂肪和蛋白质，因此又将这3种物质称为热源物质。

3种热源物质在体内进行生物氧化后，释放出的热量有50%用于维持正常体温，其余绝大部分用于三磷腺苷（ATP）的再合成。合成的ATP分解释放热量供机体完成各种活动的需要。

热量的单位是千卡或千焦耳，1千卡等于4.184千焦耳。3种热源物质中，每克糖、脂肪、蛋白质在体内氧化分解后释放的热量分别是16.8千焦耳（4千卡）、37.6千焦耳（9千卡）、16.7千焦耳（4千卡）。

二、热量的消耗

人体热量的消耗主要包括3个方面，即基础代谢消耗的热量、从事体力活动消耗的热量以及食物特殊动力消耗的热量。

（一）基础代谢消耗的热量

基础代谢消耗的热量指人体处于安静、清醒、放松时用于维持基本生命活动，如维持体温、心跳、血液循环等所消耗的热量。这部分热量占机体每日热量总消耗量的50%~75%。

影响基础代谢热量消耗水平的因素包括机体的体表面积、年龄、性别、气候、健康状况等。一般情况下男性比女性高5%~10%，儿童比成人高10%~12%，寒冷气候条件下比温热气候下高10%~15%。此外机体患疾病时也会相应地使基础代谢的热量消耗水平发生改变。

通常可根据不同的年龄、性别、体表面积估算出每个人的基础代谢所消耗的热量。

（1）计算体表面积。中国人的体表面积可采用下列公式计算：

男子体表面积（平方米）= 0.006 07 × 身高（厘米）+ 0.012 7 × 体重（千克）−0.069 8
女子体表面积（平方米）= 0.005 86 × 身高（厘米）+ 0.012 6 × 体重（千克）−0.046 1

（2）求出单位时间内人体体表面积所消耗的热量，即基础代谢率。可通过查表得出（表14-1）。

表14-1 人体基础代谢率

年龄（岁）	性别		年龄（岁）	性别	
	男	女		男	女
11	43.0（179.9）	42.0（175.7）	25	37.5（156.9）	35.2（147.3）
13	42.3（177.0）	40.3（168.6）	30	36.8（154.0）	35.1（146.9）
15	41.8（174.9）	37.9（158.6）	35	36.5（152.7）	35.0（146.4）
17	40.8（170.7）	36.3（151.9）	40	36.3（151.8）	34.9（146.0）
19	39.2（164.0）	35.5（148.5）	45	36.2（151.5）	34.5（144.3）
20	38.6（161.5）	35.3（147.7）	50	35.8（149.8）	33.9（141.8）

注：括号外单位为千卡/（平方米·小时），括号内单位为千焦耳（平方米·小时）。

（3）求人体基础代谢的热量消耗公式如下：

基础代谢的热量消耗 = 人体体表面积 × 基础代谢率 × 24

例如：某女青年19岁，身高164厘米，体重60千克，求其基础代谢的热量消耗量。
1）体表面积（m^2）= 0.005 86 × 164（厘米）+ 0.012 6 × 60（千克）−0.046 1 = 1.67 m^2
2）基础代谢热量消耗量 = 1.67 × 35.5 × 24 = 1 422.84 kcal（5 951.88 KJ）
这名女青年基础代谢的热量消耗量为1 422.84千卡（5 951.88千焦耳）。

（二）从事体力活动消耗的热量

从事体力活动消耗的热量是热量消耗的主要组成部分，占总热量消耗量的15%~30%。人体每日从事体力活动所消耗的热量主要取决于体力活动的强度和持续时间。

一般可将人体从事的各种活动按照强度的不同分为5个级别。

1. 极轻体力劳动　身体主要处于坐位的工作，如打字、开会、读书、开车、绘画、玩纸牌、修理小家电等。
2. 轻体力劳动　站立或少许走动的工作，如汽车售票员、售货员、教师、实验室实验员、图书管理员等。
3. 中等体力劳动　除草锄地、骑自行车、学生日常活动、驾驶机动车等。
4. 重体力劳动　农业劳动、非机械化工业操作、体育运动等。
5. 极重体力劳动　非机械化装卸、非机械化搬运、采矿、开垦土地、伐木等。

不同级别的体力活动所消耗的热量如表14-2所示。

表14-2　不同劳动强度的平均热量消耗量（单位：千卡/小时）

活动类型	平均热量消耗量
极轻体力劳动	95
轻体力劳动	120
中等体力劳动	170
重体力劳动	270
重体力劳动	370

注：摘自夏云建、陈松娥主编《学习卫生学　营养学》，广西师范大学出版社.2000年12月。

（三）食物特殊动力消耗的热量

食物特殊动力消耗的热量是指机体进食后，食物在体内消化、转移、代谢、储存等过程中所消耗的热量，其中蛋白质所消耗的热量最大，相当于其本身所产热量的30%左右，其次是糖，为5%~6%，脂肪最低，只有4%~5%。一般混合膳食的食物特殊动力所消耗的热量约为每日热量消耗总量的10%。

三、热量供给量

人体每日的热量供给量必须以热量消耗量为准。热量供给过多或过少都会影响健康，甚至导致疾病。一般成年人热量供给量和消耗量保持平衡即可维持正常生理功能和维持身体健康。

关于热量的供给量，可参照中国营养学会制定的《中国居民膳食营养素参考摄入量》（表14-3）。

表14-3　每日膳食热量供给量标准（单位：千卡）

劳动情况	成年男子	成年女子
轻体力劳动	2 400	2 100
中等体力劳动	2 700	2 300
重体力劳动	3 200	2 700

第三节 平衡膳食

一、平衡膳食的概念

随着我国经济实力的不断发展，人们的生活水平有了很大的提高，人们的饮食观念已经从单纯追求"吃饱"转变到了努力追求"吃好"，对食物的消费水平在不断增长。但是，由于许多人对营养知识的欠缺或不了解，造成了食物消费的诸多不合理现象。例如，一些地区或人群，由于食物单调和不良饮食习惯而造成的营养不良症；膳食不平衡和营养过剩带来的"富贵病"等。因此，为保障人们日益增长的食物需求向健康的方向发展，应尽快改善和调整人们的膳食结构，做到科学营养，平衡膳食。

二、平衡膳食的基本要求

中国营养学会于1997年提出了我国居民的平衡膳食指南，其要点如下：①食物多样，谷类为主；②吃蔬菜水果和薯类；③每天吃奶类、豆类及其制品；④经常吃适量的鱼、禽、蛋、瘦肉，少吃肥肉和荤油；⑤食量与体力活动相适应，保持适宜体重；⑥吃清淡、少盐膳食；⑦如饮酒应限量；⑧吃清洁卫生不变质的食物。

1998年中国营养学会又根据营养学原则并结合我国国情，制定了"中国居民膳食指南及平衡膳食宝塔"。

平衡膳食宝塔形象、直观地将平衡膳食的原则和要求转化成各类食物的具体数量。它给出了我国居民每日的食物建议摄入量，便于人们在膳食过程中比较、参照和实行。

具体地说，平衡膳食的基本要求应包括以下4个方面。

（一）摄入的热量要平衡

平衡膳食首先要求摄入足够的热量以维持机体的活动需要，保证身体健康、精力充沛。如果长期热量供应不足，极易使体内储存的糖类和脂肪被大量动用，结果引起身体消瘦、抵抗力减弱、精神倦怠等症状；但是，如果摄入的热量过多，则多余的热量就会转化成为脂肪储存在体内，长期则引起身体发胖。例如，一个人如果每天摄入的食物产热量超过消耗量的100千卡，一个月就超过3 000千卡，就可能增加皮下脂肪333克，一年即可增加4千克的体重。因此，在膳食过程中首先应学会计算每日机体所需要摄入的热量总量（第2节中已经讲到），尽量做到摄入的热量和消耗的热量保持动态平衡，达到"收支均衡"的效果。

（二）热源物质的膳食比例要平衡

膳食中3种热源物质的比例对机体的代谢水平、工作能力有非常重要的影响。正常情况下，在机体所需热量的总量中，60%~65%应该来自于糖类，其余20%~30%来自于脂肪，它们是机体所需热量的主要来源，另外12%~15%的热量由蛋白质供给。

（三）摄取的食物要力求多样化

机体需要各种营养素，但没有任何一种食物能够包含机体所需要的全部营养素。如果长时间只吃一两种或少数几种比较单调的食物，就不能满足人体对多种营养素的需要。从我国目前大部分人群的膳食情况来看，平衡膳食应包括四类食物，分别是粮谷类、动物性食物及豆类、蔬菜水果类和油脂类。每种食物都有各自的营养价值，缺一不可。

1. 粮谷类　包括小麦、大麦、玉米、大米、小米等，是糖类、蛋白质、维生素和无机盐的主要来源。人体每日摄取热量的60%~80%是由这类食物提供的，因此这类食物又被称为"主食"，在膳食过程中应占总食量的35%~40%以上。

2. 动物性和豆类食物　包括各种畜肉、禽肉、水产品、蛋类、奶类、豆类及其制品，它们几乎含有人体生长发育和保持健康的各种营养素。

同时，由于动物性和豆类食物烹调加工后，大多色泽诱人、味道鲜美，容易被大多数人所接受，因此是平衡膳食中必不可缺的一类食物，在膳食中应占总食量的25%~30%。

3. 蔬菜水果类　蔬菜水果类是维生素、无机盐和食物纤维的重要来源。因此这类食物在膳食中是绝对不能缺乏的，摄入量应占总食量的30%~40%。

4. 油脂类　主要是指烹调时用的植物油，它除了供给机体热量和脂溶性维生素外，还是必需脂肪酸的主要来源，在膳食中应给予足够的重视，至少应占总食量的3%左右。

（四）各种营养素的摄入量应保持平衡

膳食中各种营养素的比例要合适。人的身体需要各种营养素，而各种营养素在人体内发挥各自作用的同时又是互相依赖、互相影响、互相制约的。例如，缺铁时容易造成贫血，但是如果体内缺铜，即便有足量的铁依然会造成贫血。原因是铁在造血时必须有铜协助；钙对机体的作用非常重要，缺乏时容易导致佝偻病和软骨病。但钙的消化吸收必须有维生素D参与才能完成。维生素D是脂溶性维生素，如果缺少脂肪的摄入，它也不能很好地被吸收。只有在摄入维生素D的同时，摄入一定数量的脂肪，才能保证维生素D被吸收，但是如果脂肪摄入过多，不但会导致肥胖，而且会影响钙和铁的吸收。因此在平衡膳食过程中，一定要注意各营养素之间的平衡摄入。

在膳食过程中，为保证各种营养素的平衡摄入，一定要按照营养素供给标准进行摄入。

三、大学生的合理营养

大学生在校期间的学习任务非常繁重，要求他们必须有一个健康的体魄，在维护他们的健康方面营养起着至关重要的作用。根据大学生的膳食营养现状，我们提出以下合理营养的要求。

（一）必须摄入足量的热量才能满足机体的需要

大学生由于学习任务繁重而增大了热量消耗，因此必须供给充足的热量才能满足机体的需要。如果热量长期得不到充足供给，则会大大影响健康水平，导致机体产生各种营养缺乏症。因此在膳食中应遵照平衡膳食的基本要求，按比例足量摄入机体所需的热源物质，保证热量的正常供给。

（二）必须合理均衡地从多种食物中获取机体所需的各种营养素

每日的膳食中应尽量增加食物的种类，做到主副食齐全并且荤素搭配。特别是主食，应保证足量的摄入。在主食的选择上，除米饭之外，还应多吃面条、馒头、包子、饺子等。同时，最好能够经常与主食一同吃一些杂粮如玉米、小米、高粱米等，以保证各种营养素的均衡摄取。对于各种肉类食物和蔬菜类食物也应保证合理摄入，不可过多，也不可过少。只有合理的主副食搭配及荤素搭配，才能使人体所需要的营养成分齐全，相互得到补充（即营养的互补作用），以增进机体对营养素的吸收和利用。

（三）养成良好饮食习惯，合理安排每日膳食

1. **应做到定时定量** 定时进食可使机体大脑皮质中进食中枢的兴奋性有规律的升高；进食过早或过迟，或者干脆没有规律都会使大脑皮质的进食中枢及消化系统的功能发生紊乱，久而久之将导致胃病和营养不良等疾病。定量可以根据膳食者的生理需要来提供营养素，使营养既不过剩也不缺乏，做到平衡膳食。

2. **膳食的质量分配应科学合理** 根据目前大学生的时间分配来看，大多为一日三餐制。在三餐之间要掌握好每两餐之间的间隔时间，一般以5~6小时为宜；还应分配好三餐之间的热量分配，做到早餐饱、午餐好、晚餐少的进食原则。应坚决纠正大学生中普遍存在的"早餐凑合吃（或不吃）、午餐拼命吃、晚餐随意吃"的错误膳食习惯。正确的分配方式应该是：

（1）早餐占全天总热量的30%，食物安排应以富含蛋白质、脂肪和维生素的食物为主，以满足上午学习任务的需要。在食物的选择上应以谷类、蛋类、奶类和水果类为主，特别是奶类应该成为每天早餐中必不可少的食物。

（2）午餐占全天热量的40%，它起着承上启下的作用。糖类、蛋白质和脂肪的供应均应增加。食物选择上应以粮谷类、肉类、蔬菜类为主。

（3）晚餐占全天热量的30%，食物安排应以粮谷类、蔬菜类为主。

（四）注意各种食物之间的科学配伍

平衡膳食要求各种食物合理搭配，然而在实际的膳食过程中，却存在着许多食物间搭配不合理的情况，以至降低了食物的营养价值，甚至引起不良反应或疾病。举几个常见的例子。

1. **豆浆与鸡蛋搭配** 鸡蛋中的黏液性蛋白与豆浆中的胰蛋白酶结合，双方均失去应有的营养价值。

2. **葱和豆腐搭配** 豆腐含钙较多，与葱搭配时，会与葱中的草酸结合成草酸钙，人体难以吸收。

3. **海味与水果搭配** 鱼虾、藻类含有丰富的蛋白质和钙等营养素。如果与含鞣酸的水果同食，不仅会降低蛋白质的营养价值，而且易使海味中的钙与鞣酸结合，形成一种不易消化的物质，这种物质可刺激黏膜，使人出现腹痛、恶心、呕吐等症状。

4. **啤酒与海味搭配** 饮啤酒时用海鲜佐餐，易引发痛风症。这是因为痛风者本身就有无法排泄的过多尿酸，而海味又会刺激人体制造更多尿酸，导致病情加重。

（五）掌握一定的烹调加工知识

在烹调过程中，如果采用不正确的烹调方法，将造成对营养素的大量破坏。例如，米、面中的水溶性维生素容易受到破坏，在做米饭淘米时，随淘米次数、浸泡时间的增加，营养素的损失就会增加；在熬粥和蒸馒头时如果加碱，会使维生素B_1和维生素C遭到破坏。在蔬菜中含有丰富的维生素B族、维生素C和无机盐。不同的烹调加工对它们的影响是非常大的。例如，将黄瓜切成薄片凉拌时，如果放置2小时，维生素将损失33%~35%；若放置3小时，损失率将达到41%~49%。炒青菜时若加水过多，大量的维生素溶于水中，如果只吃菜而将汤倒掉，则对维生素摄入率几乎为零，也就失去了摄取蔬菜的真正意义了。特别是有人把青菜先煮一下，然后挤出菜汁再炒，维生素和无机盐的损失率将更高。一般来说，食物所含的营养素当中蛋白质、脂肪、糖类和无机盐由于性质比较稳定，在烹

调过程中损失率较少。而维生素尤其是水溶性维生素因其性质极不稳定且容易水解，如烹调加工方式不当，很容易遭到破坏。

（六）注意食品的卫生和质量

膳食过程中应保证各种食物的卫生和质量，以免造成对机体的损害。应做到以下几点：①购买时应选择没有农药污染的绿色食品；②拒绝食用含有食物添加剂的食品；③少吃或不吃腌、炸、熏、烤和过热、过烫、过咸的食品；④注意食品的卫生状况，凡不符合卫生标准，腐败变质和不清洁的食品均不能食用。

（七）应限制饮酒

在所有的酒类中，啤酒所含的热量非常高，素有"液体面包"之称，如果饮用过多的啤酒容易导致热量过剩；白酒中含有很高的酒精，酒精是一种产热很高的物质，仅次于脂肪。如果在饮用酒精的同时再大量摄入其他菜肴，极易导致热量过剩，引起肥胖。当然，如果饮酒过量，还会加重肝脏的负担。长期下去，对机体产生的各种损害就更加严重了。

（八）学会为自己制定食谱

大学生应该学会根据自己的饮食习惯、经济状况、体力消耗等，结合食物的种类、营养、价格来制定每日的食谱，合理安排自己的饮食，做到科学营养、平衡膳食。制定食谱的具体方法如下：

1. 首先确定每日的热量和各种营养素的需要量　例如，根据某大学生的具体活动情况，确定其日总热量需要量为2 300千卡，其他常见营养素需要量分别为：钙800毫克，铁15毫克，维生素A 800毫克，维生素E 14毫克，维生素B_1 1.3毫克，维生素B_2 1.2毫克，维生素C 100毫克。

2. 确定热源物质的供能比例　一般情况下，糖类、脂肪、蛋白质这3种热源物质的比例分别为60%~65%、20%~30%、12%~15%。

3. 求出3种热量物质的摄入量　计算公式如下：

$$糖类的供给量（克）=总的热量需求量×（60\% \sim 65\%）/4$$
$$脂肪的供给量（克）=总的热量需求量×（20\% \sim 30\%）/9$$
$$蛋白质供给量（克）=总的热量需求量×（12\% \sim 15\%）/4$$

如上例，该大学生所需的糖类摄入量应为345~374克；脂肪摄入量为51~77克；蛋白质摄入量为69~86克。

4. 根据我国的平衡膳食宝塔，确定各类食物的具体分配

（1）粮谷类食物：300~500克；分别选择大米250克、面粉250克。

（2）蔬菜水果类食物：500~700克；分别选择小白菜250克、芹菜125克、马铃薯250克。

（3）动物性食物：120~150克；分别选择猪肉（肥瘦）50克、鸡蛋50克、瘦牛肉50克。

（4）奶类及豆类食物：奶类100克，豆类50克；分别选择牛奶100克、豆腐50克。

（5）油脂类：25克；选择植物油25克。

5. 调整和优化各种食物的数量　计算所有被选食物中包含的营养素数量（可通过查对有关的食物成分表得出），然后与营养素的实际需要量进行对比，最后再调整和优化各种具体食物的数量。

仍用上面的例子说明（表14-4），然后将被选食物中所含各种营养素的总量（Σ）与该大学生的营养素需要量进行对比。根据对比结果调整某些食物的数量或种类，最后达到被选食物中所含营养素的总量与营养素需要量相等或接近即可。

6. 科学的膳食　确定好各种食物的种类和数量后，再将各种食物按30%、40%、30%的比例合理分配到一日三餐的膳食中。最后按照个人的饮食习惯以及食物之间的搭配原则进行科学膳食。

四、维持标准体重

（一）标准体重的概念

标准体重指与身高相对应的理想体重称为标准体重。它是衡量机体胖瘦的标准，大于标准体重即为超重，甚至肥胖；小于标准体重则为消瘦。

维持标准体重有非常重要的意义。它是大学生保持精力充沛、体态匀称、健康健美的基础，也是促进健康，防止各种疾病的重要条件。每一位大学生都应该力求使自己拥有标准的体重。

（二）标准体重的计算方法

成人标准体重的计算方法非常多。按照布诺卡（Broca）公式，中国成人标准体重可采用下列公式：

标准体重（千克）=身高（厘米）-100（适用于165厘米以下者）
标准体重（千克）=身高（厘米）-105（适用于166～175厘米者）
标准体重（千克）=身高（厘米）-110（适用于176厘米以上者）

女性体重比男性相应组别减去2.5千克。

如果体重>标准体重为过重，超过20%为肥胖；<标准体重为消瘦，超过20%为严重瘦弱。

（三）维持标准体重的方法

1. 保持热量摄入平衡　维持标准体重最好的方法就是保持热量摄入平衡，同时经常参加体育锻炼，每天应至少保证1小时的运动，可以采用慢跑、爬山、游泳、跳舞、球类运动等方式。

2. 采用正确的方法降低体重

（1）注意饮食控制。热量的摄入量一定要低于消耗量，同时应控制脂肪和糖类的摄入量，而保证蛋白质和食物纤维的足量摄入。

（2）积极参加体育运动。有计划地经常参加体育运动，可增大机体对热量的消耗，配合热量摄入的减少可迫使机体消耗体内的储存脂肪，达到降低体重的目的。

3. 身体瘦弱的人体重的调整

（1）应适当增加每日的热量摄入量，使热量摄入量高于热量消耗量，以适当增加体内脂肪。同时应多吃富含蛋白质的食物，以便为增加体重和肌肉增长提供充足的"原料"。

（2）积极参加体育锻炼，增强全身肌肉的力量，促使肌肉对蛋白质的利用，使肌肉得到快速增长。

（3）对于那些食欲较差的消瘦者，可通过体育运动、文娱活动等改善精神状态，以增强食欲。

表14-4 各种食物所含营养成分

食品	数量（克）	食部（克）	蛋白质（克）	脂肪（克）	糖类（克）	钙（毫克）	铁（毫克）	维生素A（微克）	维生素E（毫克）	维生素B_1（毫克）	维生素B_2（毫克）	维生素C（毫克）
大米	250	250	21	2.5	192	20	1.3	0	0	0.3	0.05	0
面粉	250	250	28	3.8	179	78	8.8	0	4.5	0.7	0.2	0
小白菜	250	203	3.8	0.8	4	226	4.8	702	1.8	0.05	0.23	70
芹菜	125	83	1	0.13	3.14	60	1	13	2.78	0.01	0.1	15
马铃薯	250	235	5	0.5	41.2	20	2	12.5	0.85	0.2	0.1	67.5
牛肉	50	50	10.1	1.1	0.6	4.5	1.4	3	0.17	0.04	0.07	0
猪肉	50	50	6.7	18.5	1.2	3	0.8	57	0.25	0.11	0.08	0
鸡蛋	50	43	6.25	5.4	0.58	21.5	1.12	94.5	1.12	0.06	0.16	0
豆腐	50	50	4	1.9	1.9	82	0.9	0	1.36	0.02	0.01	0
牛奶	100	100	3	3.2	3.4	104	0.3	48	0.21	0.03	0.14	1
植物油	25	25	0	24.9	0	2.25	0.9	0	15.2	0	0	0
Σ	1 450	1 339	88.85	62.73	427.02	621.25	23.32	930.3	28.24	1.52	1.14	153.5

注："食部"表示食物在烹饪加工过程中扣除损失部分后剩余的食用部分。各种食物的"食部"可通过查看"食物成分表"得出。

第四节 膳食指导

一、合理膳食的策划

（一）食物交换

人不可能每餐都千篇一律地固定吃某种食物。因为各种食物所含的营养素是不同的，一种食物只能含有某几种机体所需的营养物质，不能包含人体所需的全部。所以机体需要的各种营养物质，需从各种食物中摄取，即需要经常地变换食物，以便使机体能经常不断地从食物中获取营养物质，以满足正常的生理需要。因此，为了使各种营养素能从不同的食物中按机体的所需获取，这就需要将其等量的营养素和热量的食物归纳起来，制成表格在膳食计划中选用。

（二）热量摄入总量与热量消耗总量

人体的健康是建立在能量进出平衡的基础上的。只有能量的需要量和供给量一致，机体的正常工作才能得以保证。如若能量的超量摄取或形成能量摄入的负平衡，对人体的健康都会造成危害。然而，人体热量的摄入受性别、年龄、工作量和气温等因素的影响，所以在计算每天的热量消耗总量时，必须考虑各种因素，以便能从外界摄入机体所需要的能量。

（三）食物种类

在自然界中，供人们使用的食物品种很多，如按食物对人体的作用来分，它可以分为下列四大类。

1. 水果和蔬菜　主要含各种维生素。
2. 谷粒、面包和豆类　主要含糖类和蛋白质。
3. 乳制品　主要含脂肪、蛋白质和水。
4. 鱼、肉和豆类　主要含蛋白质和脂肪。

（四）食物百分比

机体对各营养素的需要量不是全部相同的，根据各物质的作用不同，机体对各种营养素都有不同的需要量。在安排膳食时，必须根据机体对营养素不同的需要量以及食物所含营养素的数量，合理安排每天食物的比例和每餐食物的比例。

对于参加健身健美操的人来说，将三大产热营养素控制在总热量的适宜比例，而不产生过剩的能量尤为重要。即理想的健身训练的膳食结构百分比应是蛋白质占总量的18%~25%，脂肪占总量的20%~30%，糖类占总量的55%~60%。同时，一天五餐进食热量的摄取也必须适当平衡。即早餐应占全天总量的20%，午前餐应占全天总量10%，午餐应占全天总量的30%，午后餐应占全天总量的10%，晚餐应占全天总量的30%。因此，选择合理食物，调配合理膳食，加以合理烹调，以满足身体正常的热量基础代谢和健身训练代谢的需求，这是训练者要达到健身健美目标的重要条件。

（五）特别膳食

1. 生酮饮食　指含高脂肪、高蛋白质和低糖类的饮食。该饮食将会限制糖类的摄入量，以提高脂肪的代谢作为能量消耗，然而却会导致脂肪分解不完全而产生过量的酮体。其实际效果是在生酮饮食过程中每月约减少0.45千克体重，它产生的后果是生酮饮食会造成失水、肾负荷过重、非脂肪体重流失、酸中毒、血脂提高和肝糖贮备耗尽及疲劳等后遗症。

2. 流质膳食　该流质膳食若缺乏多种维生素及矿物质，多食后则会出现脱发、恶心、头痛、便秘、神经紊乱、口臭、昏厥、肌肉变弱、性欲降低和胃肌紊乱等不良反应。

3. 饥饿法　只适用于治疗严重肥胖症（体脂大过40%~50%）的禁食方法。在医生的指导下，使用药物时可缓解其不良反应，如恶心、口臭（高脂肪代谢导致）和体液不平衡及脾胃干燥。

二、减脂及增加非脂肪体重的饮食方法

随着社会的发展，时代的进步，人们对自我形体的塑造也越来越关注。为此，祛脂减重和增加瘦体重的饮食方法也层出不穷，归纳各方法主要有以下几点。

（1）减少每天总热量的摄入量，不可超过500千卡。

（2）最低摄入量：男性，1 500千卡/每天；女性，1 200千卡/每天。营养成分比例：脂肪15%~25%；蛋白质10%~15%；糖类55%~70%。

（3）少吃多餐：每天5~7餐，每餐摄入约500千卡热量。

（4）合理的饮食和运动（包括心肺功能课程）：每星期减少的重量约1千克（减重来自脂肪）。如依靠节食减重，新陈代谢将下降，造成非脂肪流失。

（5）课程内容：包括强健肌肉、骨骼和韧带。

（6）饮用大量水分：如运动前感到饥饿，可选吃含高水分的水果（苹果或橙）。

（7）避免进食热量食物（含高糖分或高脂肪）：随身携带些健康小食品（如薯片、胡萝卜片配以葡萄干或低脂乳酪配以薯片、水果）。

（8）减少饮酒量。

（9）维持饮食计划最少1年。

（10）体重减少的初期阶段中减少的体重多数为水分（70%），其次为蛋白质及脂肪。因此，此阶段的体重可能会出现波动现象（肝糖增加，导致身体保留水分）。但是，水分的流失也会使更多脂肪被燃烧掉（脂肪流失会导致短暂的皮肤松弛）。

（11）避免使用禁食、周期性节食及低热量的流质膳食。所有上述方法均会导致新陈代谢减慢、增加食物的吸收率、用脂肪积聚、肝糖供应率和非脂肪组织损失，而节食后再次过量的进食，则会引起体重反弹而导致体脂量的增加。

（12）用营养素均衡的饮食，循序渐进地减肥。选择自己喜爱及适合的饮食计划的食物。

（13）要掌握健身膳食的基本原则：

1）要将过去以生存为目的的餐食动机，转变到讲究营养，确保工作、学习和健身训练的餐食目的上来。

2）要保证营养素的摄取平衡，科学安排餐食营养成分，这样才能达到营养合理、科学膳食、收支相等目的。要力求做到能量平衡、营养平衡（蛋白质、碳水化合物、脂肪）、

维生素平衡、矿物质和微量元素平衡、体液平衡以及食物的酸碱平衡等。营养失衡是健身训练的陷阱。

3）要优选热量较低、营养含量较高的食物作为健身生活中的重要伙伴。

4）要以少量的食物摄取更多的营养，从较多的营养中获得健身的优势。

5）要坚持以粗、素、淡、果和蔬菜为主的杂食方式。不要过分迷信和追求药物及补品。

6）要大忌偏食，避免暴饮贪食或盲目节食，消除影响您健身训练成功的隐患。

7）要改变有害于健身的餐食习惯，防止食物中危及身体健康的有害成分摄入。少吃经过烟、熏、晒、烤的肉和经过加工处理的香肠等肉类食品，因为它们比猪肉更容易使您发胖。同时热量高的食物要少吃，而热量低的食物也不能多吃。要减少饭桌上的多脂肪、多糖和多添加剂的食物。

8）要纠正不科学的烹饪方法，把营养损失减少到最低程度，以达到烹调技艺服务于提高健身者的营养水平，从而促使你健身训练目标的实现。

9）要注意到膳不过咸、嗜不过甜、酒不过量、烟不沾嘴、食不忌讳、吃不求精、脍不求细、增加餐次（少食多餐）、食不过饱、物不单一和定时不缺。

10）要切记快食、蹲食、走食、卧食、吞食、暴食、笑食、愁食、泡食、烫食和挑食。

三、训练饮食的科学指导

有句俗话，叫做"一半靠练，一半靠吃"。这确实是一条通俗的经验总结。当然，"练"是指科学的练，"吃"是指合理的吃。那么如何吃才算合理呢？根据我们对健身训练者多年的跟踪调查和实践经验的总结，得出健美训练者的每日食谱配备公式，即适度的蛋白质食品加较低含量的脂肪食品再加高含量的糖类食品。

在健身训练的过程中，不少健身爱好者对每日进餐次数和时间产生了兴趣，这种对健美餐食的新态度，无疑有利于建立符合自己健美训练目标的良好餐食习惯。那么参加健身训练的人每天吃几餐？什么时间吃好？我们认为，应根据人体一天消耗能量的需要和消化规律来确定。同时也要将进餐与健身训练想适应，让食物所释放的能量和营养素及时地去满足身体的需求，从而发挥维护和提高身体健与美的更大功效。根据我国的国情和大众健美训练的特点，实践证明，对健身训练者来说，采用"日食五餐法"较为合适。即每天吃五次，每次吃6~7成饱为度，或五餐达到每日应摄取热量之和的进餐方式。采用"日食五餐法"是因为眼下市场上供应的食物质量已逐渐优质化，烹调技术趋于科学化，食物选择实现多样化，食物被消化吸收的进程相对缩短，打破了人体生物钟的规律。在老式三套模式的每餐之间，容易产生饥饿感，在这个时间内的工作、学习效率滑向低谷，需要增添餐次，同时以同等的卡路里（热量单位）需要量来增加进餐次数，这样可以减少脂肪储存量。健身训练与进餐的相隔时间，一般是小到中等运动量，休息半小时即可进餐；如果大运动量，应至少休息一小时后再进餐。

总之，健美训练者应根据自己的年龄、体重、训练状况及经济条件等精心安排营养食谱，切勿照搬别人的。要明白只有丰富的营养物质，科学合理的膳食结构与调摄，才能使健美训练者在较短的时间内达到健美的目的。

第十五章

体育锻炼卫生

第一节 体育锻炼的卫生要求

一、体育锻炼对人体的影响

（一）体育锻炼对运动系统的影响

体育锻炼加速了人体周身的血液循环，使正处于造骨时期骨组织的血液供应大大改善，使之得到更多的营养物质，加快了造骨过程的进程。运动过程中，骨所承受的压力，对软骨板的生长能起到良好的刺激作用，可以促进软骨板的增长，加速骨的生长。此外，在室外活动，日光照射促进体内维生素D的生成，加速了骨的钙化，使骨质更加坚实。

运动中，肌肉紧张地工作，为了保证肌肉对氧及营养物质的需要，肌肉开放的毛细血管数量达安静时的15~30倍以上，经常参加体育锻炼，还能促使肌肉内毛细血管数量增加。由于肌肉长期供血良好，肌纤维逐渐变粗、体积增大、弹性增加、肌肉工作的能力及耐力也都相应地得到提高。经常参加体育锻炼的人，肌肉重量可达其体重的50%（一般人占体重的35%~40%）。长期的体育锻炼，还可以使关节韧带变得更加坚韧、结实，关节自身也更加灵活、牢固。

（二）体育锻炼对心脏血管系统的影响

运动时，心脏的工作负荷加大，致使心率适当增加，血液流量增大，全身血循环得到改善。在心肌得到锻炼，冠状动脉循环也得到改善的情况下，心肌获得充足的营养，长此以往就会使心肌发达、心室壁增厚，使心脏体积增大。

由于心肌发达，心脏的收缩力量就得到增强，心脏的每搏输出量也就随之而增大。有的研究指出：长期参加体育锻炼，心肌发达增厚。X线片上可见心脏面积增大，超过原来面积的10%以上。心肌糖原含量增加30%，肌红蛋白增加35%，心脏摄取血糖能力增加165%，氧化血乳酸能力增加260%，组织呼吸增加37%。另有报告指出，每搏最大输出量：一般男子为140~160毫升，运动员为190~200毫升；一般女子为100~120毫升，运动员为150~160毫升。

（三）体育锻炼对呼吸系统的影响

当人体在运动时，肌肉活动所产生的二氧化碳，能刺激呼吸中枢，使呼吸加快、加深，以促进二氧化碳的排出及氧气的吸入。运动时，一般人的呼吸频率可达40~50次/分（安静时为12~16次/分），深度为安静时的5倍，通气量每分钟可达70~120升（安静时为6~8升）。

经常从事体育锻炼，就能促进锻炼者呼吸系统的发育，提高其功能水平。这主要表现在于呼吸肌发达、胸围扩大、呼吸差增大、呼吸深度、肺通气量及肺活量增大，以及安静时呼吸频率相应地减慢等方面。

（四）体育锻炼对神经系统的影响

积极参加各种体育锻炼，可以使锻炼者掌握多种运动技能，改善肌肉工作的协调关系，提高他们从事运动的能力和技术水平，这些都促进了神经系统机能的改善和发展。这是由于在体育锻炼中，运动器官的每一动作，都以刺激的形式作用于神经系统，使神经系统的兴奋与抑制过程得到增强，神经活动的平衡性与灵活性得到提高，使神经细胞反应迅速、灵活且不易疲劳的结果。实验证实，一般人对光、声刺激的反应潜伏期为0.3~0.5秒，而乒乓球运动员仅需0.1秒，比一般人快3~5倍。通过适当的运动性积极休息，可以把因疲劳而降低的视、听感受能力提高30%，改善疲劳大脑的工作状态，恢复精力。因此，运动后人们会感到精神愉快、思维敏捷，可以提高学习和工作效率。此外，睡前适当的放松活动，还可以使原来兴奋的神经细胞，得到更好的抑制，使人体休息睡眠得更充分。

二、体育锻炼的卫生要求

体育锻炼的卫生要求包括以下几个方面：

（1）体育锻炼要遵循系统练习、全面发展、循序渐进和个别对待的基本原则。系统练习是说参加体育锻炼要有计划、有步骤地进行；全面发展是说体育锻炼要顾及身体的各项素质，如力量、耐力、柔韧性等，也要使上肢、下肢都得到锻炼的机会；循序渐进是指学习运动技术要由易到难、运动量和运动强度要由小到大，逐步增加；个别对待是指锻炼要因人而异、因时而异，也就是说要根据参加锻炼的人当时的身体机能水平和健康状况来确定锻炼的方法和运动量。

（2）体育锻炼要按照科学的原则进行，在锻炼时既要达到一定的运动量，又不能过于疲劳，以健身为目的的运动一般不宜采用很大的强度和运动量。

（3）体育锻炼的效果是逐步积累的，因此锻炼计划要有持久性，只有持之以恒的锻炼才能取得良好的效果。

（4）大学生参加体育锻炼要注意保证充分的睡眠和营养，否则锻炼甚至可能产生相反的作用。

（5）在锻炼时要注意场地器材必须符合国家的有关标准，特别是要注意不要在硬场地（如水泥、水磨石地面）做过多的跑跳练习，因为这可能损伤骨骼，影响生长发育。

第二节　疲劳及其消除的方法

一、疲劳的表现

疲劳大体上可分为肌肉疲劳、神经疲劳和内脏疲劳三类。肌肉疲劳时，肌力下降，肌肉收缩速度和放松速度减慢，收缩时间比正常时延长4~5倍，放松时间延长可达12倍，严重影响肌肉的快速、协调动作。肌肉出现僵硬、肿胀和疼痛，可能是由于机械负荷使肌纤维发生细小损伤、乳酸等代谢产物的积累和水分的积蓄等多种因素引起的。神经疲劳表现为大脑皮质功能下降，如反应迟钝、判断错误、注意力不集中等。此时，大脑皮质其他部位及皮下层下中枢功能亢进，膝反射发生改变，脑干及小脑功能低下，动作协调性受到了破坏。内脏疲劳多表现为呼吸和心脏的疲劳，呼吸肌疲劳使呼吸变浅变快，气体交换能力下降。心脏疲劳时，心肌收缩力量下降，心输出量减少，心电图发生改变。

中枢神经系统的变化是产生疲劳的重要因素；同时，各内脏器官、肌肉和血液中所发生的一系列变化也促进疲劳的发生。因此，疲劳产生是多种因素综合作用所致。

二、消除疲劳的方法

1. 坚持合理的生活作息　坚持合理的生活作息包括：规定并遵守作息时间，保持良好的睡眠条件，注意饮食卫生，克服吸烟和饮酒等不良嗜好等。睡眠是消除疲劳的重要方法，青少年和成人运动员每天要分别保证有10小时与8~9小时的睡眠时间。

2. 合理安排膳食　合理营养是消除疲劳或提高抗疲劳能力的重要手段。急性疲劳时，应注意补充能量和维生素，尤其是糖类、维生素C及维生素B。夏季或出汗较多时，应补充盐分与水。食品应富有营养和易于消化，并尽量多吃些新鲜蔬菜、水果等碱性食物。

3. 物理疗法　运动后进行按摩、温水浴或局部热敷，可以促进全身或局部的血液循环，加强新陈代谢，加速致疲劳物质的排除。温水浴的水温以$42±2℃$为最适宜，沐浴时间一般为10~15分钟，最长不超过20分钟，每天不要超过两次。局部热敷的温度以47~48℃为宜。在运动前，对负荷量较大的部位作10分钟的热敷，可推迟运动中出现疲劳的时间。

4. 药物　除维生素B_1和维生素B_6和维生素C以外，中药黄芪、刺五加、三七等都具有调节中枢神经系统的功能，扩张冠状动脉和补气壮筋的作用，对促进疲劳的消除也有一定的效果。

5. 积极性休息　在紧张的比赛或大运动量训练后，应在舒适、幽雅的环境中休息，如在海滨公园内散步、听音乐、欣赏戏剧和参观旅游等，对消除因体力消耗和精神紧张所引起的疲劳，具有特别良好的作用。

此外，采用氧和阴离子吸入等，对加快消除疲劳也有一定的效果。

第三节　常见运动损伤的原因及预防原则

体育运动过程中发生的损伤，称为运动损伤。某些运动损伤与运动项目、技术动作特点密切相关。

一、常见运动损伤的原因

造成运动损伤的原因较多，归纳起来可分为以下8个方面：

1. **思想上不够重视**　运动损伤的发生，常与体育教师、教练员和体育锻炼者对预防运动损伤的意义认识不足，思想上麻痹大意及缺乏预防知识有关。

2. **缺乏合理的准备活动**　准备活动的目的是进一步提高中枢神经系统的兴奋性，增强各器官系统的功能活动，使人体从相对的静止状态过渡到紧张的活动状态。

3. **技术上的错误**　技术动作的错误，违反了人体结构功能的特点及运动时的力学原理而造成损伤，这是初参加运动训练的人或学习新动作时发生损伤的主要原因。

4. **运动负荷过大**　安排运动负荷时，没有充分考虑到锻炼者的生理特点，运动负荷超过了锻炼者可以承受的生理负担量，尤其是局部负担过大，引起微细损伤的积累而发生劳损，这是专项训练中造成运动损伤的主要原因。

5. **身体功能和心理状态不良**　在睡眠或休息不好、患病受伤或伤病初愈阶段，以及疲劳时，肌肉力量、动作的准确性和身体的协调市性显著下降，警觉性和注意力减退，反应较迟钝，此时参加剧烈运动或练习较难的动作，就可能发生损伤。

6. **组织方法不当**　在教学训练中，不遵守循序渐进、系统性和个别对待的原则，以及比赛的年龄分组原则；在组织方法方面，如学生过多，教师又缺乏正确的示范和耐心细致的教导、缺乏保护和自我保护、在非投掷区练习投掷或任意穿越投掷区、组织性纪律性较差，以及比赛日程安排不当，比赛场地和时间任意更动，允许有病或身体不合格的人参加比赛等，这些都可成为受伤的原因。

7. **动作粗野或违反规则**　在比赛中不遵守比赛规则，或在教学训练中相互逗闹，动作粗野，故意犯规等，这是篮球、足球运动中发生损伤的重要原因。

8. **场地设备的缺点**　运动场地不平，有小碎石或杂物；跑道太硬或太滑；沙坑没掘松或有小石，坑沿高出地面，踏跳板与地面不平齐；器械维护不良或年久失修，表面不光滑或有裂缝；器械安装不牢固或按放位置不妥当，器械的高低、大小或重量不符合锻炼者的年龄、性别特点，缺乏必要的防护用具（如护腕、护踝、护腰等）；运动时的服装和鞋袜不符合运动卫生要求等。

二、常见运动损伤的预防原则

1. **加强思想教育**　平时要加强安全教育，在体育教学、运动训练和比赛中，克服麻痹思想，并要掌握运动损伤的预防知识，认真贯彻以预防为主的方针，发扬良好的体育道德风貌。

2. 合理安排教学、训练和比赛　教师要根据学生的年龄、性别、健康状况和运动技术水平，认真研究教材，估计哪些动作不易掌握和哪些技术动作容易发生损伤，做到心中有数，事先采取相应的预防措施。加强全面训练，在学校体育工作中，要运用各种形式的身体练习方法，全面提高学生的身体素质。

3. 认真做好准备活动　剧烈运动前都要认真做好准备活动。准备活动的内容，要根据教学训练和比赛的内容而定，既有一般性准备活动，又有专项准备活动，使准备活动最后部分的内容与课的（或比赛）基本内容相似。要特别注意做好运动中负担较大和易伤部位的准备活动，适当地做一些力量性和伸展性练习。

4. 加强易伤部位训练　循序渐进地加强易伤部位或相对较弱部位的训练，提高它们的功能，是预防运动损伤的一种积极手段。例如，为了预防髌骨劳损，可采用"站桩"的方法以增强股四头肌和髌骨功能；为了预防腰部损伤，除加强腰背肌训练外，还应加强腹肌力量训练，有助于防止脊柱过伸而造成腰部损伤；为了预防股后肌群拉伤，要加强股后肌群的力量和伸展性练习等。

5. 加强保护和自我保护　保护在器械体操练习中十分重要，因它是一项复杂多变、空中动作较多的项目，很容易发生技术错误或失手跌下。

6. 加强医务监督　对学生或经常参加体育锻炼的人，都要定期进行体格检查；参加重大比赛的前、后，要进行补充检查或复查，以了解体育锻炼或比赛前、后的身体变化。对患有各种慢性病的人，更要加强医学观察和定期或不定期的健康检查。

第四节　常见运动损伤的处理

一、常见运动损伤的处理原则

（一）闭合性软组织损伤

闭合性软组织损伤可分为早、中、晚三期。

1. 早期　指伤后24~48小时内。此期病理变化的主要特点是组织撕裂或断裂后，出现血肿和水肿，发生反应性炎症。临床上表现为损伤局部的红、肿、热、痛和功能障碍。因此，该期的处理原则是制动、止血、镇痛、防肿及减轻炎症。

2. 中期　指受伤24~48小时以后。此期病理变化和修复过程的主要特点是肉芽组织已经形成，凝块正在被吸收，坏死组织逐渐被清除，组织正在修复。临床上，急性炎症已逐渐消退，但仍有淤血和肿胀。因此，该期的处理原则主要是改善局部的血液和淋巴循环，促进组织的新陈代谢，加速淤血和渗出液的吸收及坏死组织的清除，促进再生修复，防止粘连形成。

3. 晚期　损伤组织已基本修复，但可能有瘢痕和粘连形成。临床上，肿胀和压痛已经消失，但功能尚未完全恢复，锻炼时仍感到微痛、酸胀和无力，个别严重者出现伤部僵硬或运动功能受限等。因此，该期的处理原则是恢复和增强肌肉、关节的功能。若有瘢痕和粘连，应设法软化或分离，以促进功能的恢复。

（二）开放性损伤

开放性损伤的处理原则主要是根据受伤的情况进行伤口的清洗、灭菌、止血、包扎，必要时进行手术缝合。

二、常见运动损伤的处理方法

（一）闭合性软组织损伤

1. 常见闭合性软组织损伤的种类

（1）挫伤：钝性暴力直接作用于人体某部而引起的急性闭合性损伤。例如，在足球、篮球运动中运动员相互碰撞或被踢伤，体操、武术运动中人体与器械撞击或被器械击伤等，都可发生局部和深层组织的挫伤。最常见的挫伤部位是大腿和小腿，头和躯干部挫伤可合并脑和内脏器官的损伤。

（2）肌肉、肌腱拉伤：由于肌肉主动的猛烈收缩，其收缩力超过了肌肉本身所承担的能力，或肌肉受力牵伸时，超过了肌肉本身特有的伸展程度，均可引起肌肉拉伤。拉伤可发生在肌腹或肌腱交界处或腱的附着处。由于致伤力的大小和作用性质不同，可引起肌肉、肌腱部分纤维断裂、完全断裂或微细损伤的积累。除肌肉本身的拉伤外，常可同时合并肌肉周围的辅助结构如筋膜、腱鞘和滑囊的损伤。

（3）关节韧带扭伤：由间接外力所致，即在外力作用下，使关节发生超常范围的活动而造成的。轻者发生韧带部分纤维的断裂，重者则韧带纤维完全断裂，引起关节半脱位或完全脱位，同时可合并关节囊滑膜和软骨损伤。

（4）滑囊炎：滑囊是结缔组织构成的密封小囊，囊内有少量滑液，多位于关节附近，介于肌肉或肌腱附着处与骨隆起之间，可以减轻肌肉、肌腱与骨之间的摩擦。因受到外力的直接撞击，使囊壁受到损伤而发生急性滑囊炎，或因局部活动过多，囊壁受到反复磨损而发生慢性损伤。

2. 处理方法

（1）限制活动期：伤后24~48小时，局部冷敷、加压包扎、抬高伤肢并休息。较轻的挫伤可外敷一号新伤药或安福消肿膏。疼痛较重者可内服止痛剂。股四头肌和腓肠肌挫伤时，应注意严密观察，若出血较多，肿胀不断发展或肿胀而影响血液循环时，应将伤员送医院手术治疗，取出血块，结扎出血的血管。

（2）恢复活动期：受伤24~48小时后，肿胀已开始消退，可拆除包扎进行温热疗法或理疗、按摩。在伤情允许的情况下，应尽早进行伤肢的功能锻炼，逐渐增加关节的活动幅度。股四头肌挫伤时，当病情况已稳定，伤员可以控制股四头肌收缩时，才可开始做膝关节屈伸活动，先做伸膝练习，屈膝练习宜晚些，不可操之过急。当膝关节能屈至90°角，走路不用拐杖时，可视为此期治疗结束的标志。

（3）功能恢复期：逐渐增加抗阻力练习和一些身体非碰撞性项目的练习，如打乒乓球、羽毛球等，并配合按摩和理疗等，直至关节活动功能恢复正常。

（二）开放性损伤

开放性损伤的种类及处理方法主要有以下3个方面的内容：

1. 擦伤　擦伤是皮肤受到外力摩擦所致，皮肤被擦破出血或有组织液渗出。创口浅、面积小的擦伤，可用生理盐水或凉开水洗净创口，周围用70%酒精棉球消毒，创口上涂抹碘伏，待干即可，无须包扎。关节附近的擦伤也不宜使用暴露疗法，以免皮肤干裂而影响关节运动。

创口内若有煤渣、细沙等异物，要用生理盐水或凉开水冲洗干净，必要时要用硬毛小刷子将异物刷去。创口处可用过氧化氢，创口周围皮肤用酒精棉球消毒，然后用凡士林纱条覆盖创面或撒上抗菌药，再用消毒敷料覆盖并包扎。

2. **撕裂伤** 皮肤撕裂伤多发生于头部，尤以额部和面部较多见，如篮球运动中眉弓部被他人肘部碰撞，引起眉际皮肤撕裂。若撕裂伤口小，经止血、消毒处理后，可用粘膏黏合；伤口较大则需缝合，必要时要使用抗生素治疗。

3. **刺伤和切伤** 田径运动中被钉鞋或标枪刺伤，冬季滑冰时被冰刀切伤，其处理方法基本上与撕裂伤相同。凡被不洁物致伤且创口小而深时，应注射破伤风抗毒素。

第五节　常见运动性疾病的防治

一、运动中腹痛

腹痛是运动员运动中常见的症状，可由多种原因引起，并时常在运动过程中或运动结束时发生。

（一）病因与发病机制

运动中腹痛的发生和运动员的身体功能状况、训练水平、运动前准备活动情况等因素有关。这些因素往往是运动中腹痛的原因。有关发病机制主要有以下几个方面。

1. **肝脾淤血** 肝脾淤血的发生原因主要是运动员准备活动不够，心功能水平低下及运动中呼吸动作的协调性较差等。

如果运动前的准备活动不够，影响了全身各系统器官的功能活动，使之无法承担运动时所应承担的较大运动负荷，尤其是循环系统功能的低下，心肌收缩力较弱，使静脉回心血量减少，腔静脉压增高，从而造成肝脾淤血肿胀，结果增加了肝脾被膜张力，使被膜上的神经受到牵扯而产生上腹部疼痛。

运动中呼吸动作的不协调，呼吸急促而表浅，可使胸膜腔内压上升，影响腔静脉回流，同样可造成肝脾淤血。

2. **胃肠道痉挛或胃肠功能紊乱** 运动时胃肠道痉挛，使胃肠壁及肠系膜上的神经受到牵扯而产生腹痛。凡饭后过早参加运动，运动前吃得过饱，喝得过多，空腹运动及运动前吃了易产气或难消化的食物，都可能因机械刺激胃肠道引起腹痛。

同时，运动时尤其在剧烈运动时，大量血液从腹腔内转移到了骨骼肌，导致胃肠道缺血、缺氧，加上代谢气物的刺激，更容易引起胃肠道的痉挛和功能紊乱。

3. **呼吸肌痉挛** 运动过程中若未能注意调整好呼吸节奏，呼吸急促、表浅，可使得肋间肌、膈肌等呼吸肌收缩活动紊乱，严重者出现痉挛性收缩，进而引起腹痛。此外，准备活动的不良分或不做准备活动，也会影响呼吸肌的活动功能状态，造成呼吸肌缺氧，从而使腹痛加剧。由此产生的腹痛，当呼吸加深时，疼痛明显。

4. 腹腔脏器病变　腹腔脏器病变，如常见的病毒性肝炎、胆道疾病、消化道溃疡、炎症及胸部病变等是运动中腹痛的潜在因素，运动可使病变器官受牵扯、震动等刺激而诱发腹痛。

（二）症状与体征

运动中腹痛的发生和运动有直接关系，疼痛程度和运动量大小、运动强度密切相关。在小运动量和低强度运动时，腹痛往往不明显，而当运动量和运动强度增加时，腹痛则随之而加剧。

腹痛的部位，视病变脏器所在之处而不同。肝脏淤血肿胀，胆道疾病为右上腹痛；脾脏淤血肿大为左上腹痛；胃痉挛、急慢性胃炎、胃十二指肠溃疡多为中上腹痛；阑尾炎、髂腰肌痉挛时右下腹痛；宿便刺激引起肠痉挛为左下腹痛；呼吸肌痉挛则季肋部痛。

腹痛的性质因腹痛原因的不同而异。直接由运动引起的，多数为钝痛、胀痛。腹腔脏器有病变者，则多锐痛、牵扯痛、钻顶样痛及阵发性绞痛等。

（三）处理方法

运动中出现腹痛，可适当减慢速度，及时调整呼吸节奏，加深呼吸，协调好呼吸运动，同时用手按压疼痛的部位或弯腰跑一段，做几次深呼吸，疼痛可得到缓解。如上述处理效果不理想，则应停止运动，口服解痉药（阿托品、654-2），点掐穴位（内关、足三里）或请医生处理。

（四）预防原则

加强全面训练，以提高人体生理功能。遵守训练的科学原则，循序渐进地增加运动量。合理安排膳食，运动前不宜饱餐或过多饮水。运动前做好充分的准备活动。运动中注意呼吸节奏，注意呼吸和动作的协调性。中长跑中合理分配速度。对各种疾病引起的腹痛，应积极治疗原发病，同时在医生的指导下进行体育活动。

二、肌肉痉挛

运动过程中肌肉痉挛最易发生在小腿腓肠肌，其次为足底部的屈趾肌。

（一）病因与发病机制

1. 低温刺激　在未做准备活动或准备活动不充分的情况下于低温环境中运动、训练、肌肉可因低温寒冷的刺激而兴奋性增高，以至引起肌肉强直性收缩，发生痉挛。多见于游泳时受到冷水刺激，以及冬季户外活动时受到了冷空气的刺激。

2. 电解质的过多丢失　维持肌肉的应激性是电解质的主要生理功能之一。体内电解质的平衡维持了正常的肌肉兴奋性。当在运动中大量出汗，如高温环境中运动或长时间剧烈运动时或运动员急性减体重，使体内的电解质（Ca^{2+}、Na^+、Cl^-）随汗液大量流失，造成体内电解质平衡失调，肌肉兴奋性增高而发生肌肉痉挛。

3. 肌肉的收缩频率过快　紧张激烈的运动，肌肉呈连续过快地收缩而放松不够（放松时间过短），因此可破坏肌肉收缩、舒张的协调性，使肌肉发生强直收缩引起痉挛，如在短跑、自行车运动中常可出现这种情况。

（二）症状与体征

痉挛的肌肉疼痛难忍，触之僵硬，邻近关节因疼痛会出现暂时性功能障碍。

（三）处理方法

牵引痉挛的肌肉是常用的缓解办法，如小腿腓肠肌痉挛时，可取坐位或仰卧位，伸直膝关节，缓慢用力地将足部背伸；屈时、屈趾肌痉挛时，则将足和足趾用力背伸。牵引过程中注意用力宜缓，切忌暴力，以防肌肉拉伤。同时，可配合局部按摩（如按压、揉、揉捏）、点穴（如承山、委中）等措施，有助于痉挛的迅速缓解。

在游泳时若发生了肌肉痉挛，首先自己不要惊慌，可先深吸一口气后仰浮于水面，然后采用同样方法对痉挛的肌肉进行牵引。例如，腓肠肌、足趾痉挛时，用同侧手掌压在痉挛侧髌骨上，另一侧手握住痉挛侧足趾，在促使膝关节伸直的同时，缓慢用力向身体方向拉，可连续重复；大腿肌肉痉挛时，可先弯曲痉挛侧膝关节，然后双手抱住小腿用力使之向大腿靠近，再用力向前伸直。上肢肌肉痉挛，可做反复用力屈伸肘关节及用力握拳、张开等动作。待肌肉的痉挛得以缓解后，不要再继续游泳，应上岸休息，并注意保暖、对症治疗。如果自己未能掌握自救方法，应立即呼救。

（四）预防原则

平时要加强身体锻炼，提高机体抵抗力和对低温环境的适应能力。冬季运动注意防寒、保暖；夏季运动注意及时补充水、盐、维生素B_1。运动前做好准备活动，游泳时若水温较低，时间不要过长。对容易发生痉挛的肌肉，可在运动前适当按摩。

第六节　运动处方

一、运动处方的概念

运动处方的概念最早是在20世纪50年代由美国生理学家卡波维奇提出的。60年代以来，运动处方越来越受到重视。1969年世界卫生组织（WHO）正式使用运动处方术语，从而使其在国际上得到确认。

对于运动处方的定义，存在不同的表述方法。其比较完整的概念可概括为：对从事体育锻炼的人，根据其医学检查的资料，按其健康状况，结合生活环境条件和运动爱好等个体特点，用处方的形式规定适当的运动种类、运动强度、运动时间及运动频度，并指出运动中的注意事项，称为运动处方。

二、运动处方的内容

运动处方的内容一般包括运动目的、运动种类、运动强度、运动时间、运动频度及注意事项等6项。

（一）运动目的

根据性别、年龄、职业、爱好和身体健康状况的不同，其运动目的有强身保健、防治疾病、健美减肥、消遣娱乐及提高运动成绩等。

（二）运动种类

1. **有氧运动**　是运动处方最主要的和最基本的运动手段。其运动项目有步行、慢跑、走跑交替、游泳、自行车、上下楼梯、跳绳、划船、滑冰、滑雪、室内功率自行车、步行车、跑台等。有氧运动的目的可作为一般健身或改善心血管及代谢功能，用于冠心病、肥胖症等多种慢性疾病的预防和康复。

2. 伸展运动　包括运动量较小的放松性练习及医疗体操和矫正体操。前者的运动项目如太极拳、气功、五禽戏、八段锦、放松操等，这些运动可改善心情，消除身体疲劳，或防治高血压病和神经衰弱；后者的运动项目如各种医疗体操、舞蹈、矫正体操等。这些运动项目可针对某些疾病进行专门性治疗，如慢性支气管炎、肺气肿患者人为专门的呼吸体操，内脏下垂者应作腹肌锻炼，脊柱畸形，扁平足者应作矫正体操。

3. 力量练习　是以恢复和提高肌肉力量，并促进肢体功能活动的运动，主要包括抗阻运动、主动运动、助力运动等，主要用于因各种原因引起的肌肉萎缩、肌力下降。

（三）运动强度

运动强度是运动处方定量化与科学性的核心问题，也是设计运动处方中最困难的部分。它影响到锻炼效果和安全性问题。运动强度是单位时间内的运动量，可根据需要分别使用。反映运动强度的生理指标有以下几种。

1. 心率　当心率在110~170次/分时，心率与运动强度之间呈直线相关的关系。按心率确定运动强度的方法有以下几种。

（1）年龄减算法公式如下：

$$运动适宜心率 = 180（或170）- 年龄$$

此法适用于身体健康的人。

（2）靶心率法（THR）：靶心率指能获得最佳效果并能确保安全的运动心率。一般取个人最大心率的60%~85%，而标准的计算公式为：

$$THR = （最大心率 - 安静心率） \times (0.6 - 0.8) + 安静心率$$

此法适用于各种慢性疾病患者。

2. 摄氧量（VO_2）　以运动中一分钟消耗的氧表示运动强度的方法，也称耗氧量或吸氧量，常用运动时摄氧量占机体最大摄氧量的百分比（%）来表示运动强度。其中50%~70%为最合适范围，>80%的运动是危险的，<50%的运动对老年人和心脏病人有较好效果。

（四）运动时间

指每次持续运动的时间。耐力性运动的持续时间为20~60分钟，一般为20~30分钟（除去准备活动和整理活动），其中达到适宜心率的时间须持续10~15分钟以上。

（五）运动频度

指每周的锻炼次数。运动频度取决于运动强度和每次运动持续的时间。一般认为，每周锻炼3~4次是最适宜的频度，即隔日锻炼1次。

（六）注意事项

在运动处方中，应根据每个锻炼者或患者的具体情况提出相应的注意事项。

（1）指出应禁忌参加的运动项目和某些易发生危险的动作。

（2）指出运动中自我观察指标及出现指标异常时停止运动的标准。

（3）每次锻炼前后都要做好充分的准备活动和整理活动。

三、运动处方的制定

运动处方的制定程序包括：一般调查、临床检查、运动试验及体力测验、制定运动处方、实施运动处方及运动处方的修改等。

（一）一般调查

一般调查应包括了解运动目的（健身或康复），询问病史及健康状况（如既往史、家族史），了解运动史（如运动爱好，现在运动状况），了解社会环境条件（如职业、工作环境、生活环境、所用交通工具、经济状况、性格、心理状态、营养条件、社会地位等）。

（二）临床检查

运动处方的临床检查包括对运动系统、心血管系统及呼吸系统的检查。检查的目的是对现在的健康状况进行评价；发现绝对禁忌运动情况或相对禁忌运动情况，判断能否进行运动及运动负荷试验，判明是否存在潜在性疾病或危险因素，防止运动中发生意外。

（三）运动负荷试验及体力测验

运动负荷试验是制定运动处方的基本依据之一。运动试验方法的选择在根据检查的目的及被检查者的具体情况而定。目前最常用的方法是采用递增负荷运动试验，测定时利用活动手板（跑台）和功率自行车等，在试验过程中，逐渐增加运动负荷强度，直到受试者达到一定用力强度，同时测定某些生理指标（如血压、心率、心电图等）。

体力测验要求只能为运动负荷试验无异常的人才能进行，包括肌力、爆发力、柔韧性等运动能力和全身耐力的测验。其中全身耐力测验的运动方式采用有氧代谢方式，较多采用的有定时间的耐力跑（如12分钟跑）和定距离的耐力跑（如跑2 400米）。

（四）制定运动处方

根据以上检查的结果，在掌握锻炼者或康复者健康状况，体力水平及运动能力限度的基础上，按其具体情况制定运动处方。处方中要规定运动强度的安全界限和有效界限，运动时间及运动频度等。

（五）实施运动处方及运动处方的修改

运动处方并不是固定不变的，初定的运动处方可先试行锻炼，并对不适应的地方进行微调整，待适合后要坚持锻炼3~6个月，然后再做体力测验，重新制定长期的运动处方，并也要不断进行微调整，从而提高锻炼效果。

附　录

营养、运动健身常识

朋友，你健康吗

健康的身体是一切之本，健康是每个人所期望的，那么，怎么样才算健康呢？

不生病就是健康——这是一般人所常有的一种朴素想法。然而，这种想法已是一种过时的观念。按照现代医学的观点，健康不仅仅是躯体没有疾病，而且还具备心理健康、社会适应良好和道德健康。

世界卫生组织（WHO）提出健康的10条标准为：

（1）有足够充沛的精力，能从容不迫地应付日常生活和工作的压力而不感到过分紧张。

（2）处事乐观，态度积极，乐于承担责任，事无巨细不挑剔。

（3）善于休息，睡眠良好。

（4）应变能力强，能适应环境的各种变化。

（5）能够抵抗一般性感冒和传染病。

（6）体重适当，身材均匀，站立时头、臂位置协调。

（7）眼睛明亮，反应敏锐，眼睛不发炎。

（8）牙齿清洁，无空间，无痛感，齿龈颜色正常，无出血现象。

（9）头发有光泽，无头屑。

（10）肌肉、皮肤富有弹性，走路感觉轻松。

综上可知，健康是生理健康和心理健康之统称，并非人们想象的不生病就是健康那么简单。实际上，许多人在不同程度上处于不完全健康而又没有患疾病的状态。这种既不是健康，也不是患病的中间状态，医学上称之为"第三状态"。"第三状态"是健康与疾病相互转化的"中介点"。要预防疾病，要想从"第三状态"进入完全健康状态，离不开两个方面，即适宜的锻炼和合理的营养。适宜的体育锻炼，可增强体质，永葆青春；合理的营养是营造健康的"高速公路"，可以使儿童健康、聪明，使成年人精力充沛，使老年人健康长寿。

为什么多吃动物脂肪有害健康

现在许多人都害怕吃高脂肪的食物，尤其是肥肉等动物脂肪的食物，这是有一定道理的。因为动物脂肪摄入量越多，动脉粥样硬化、高血压、冠心病的危险性就越大。早在1953年，一个名叫凯恩的外国医生在经过大量调查研究后发现：动物脂肪中的饱和脂肪酸含量很高，而饱和脂肪酸摄入较多的人，动脉粥样硬化、冠心病的发病率也高。此后，许多人的研究都证实凯恩医生的论证是有根据的。所谓动脉粥样硬化，是指在动脉血管最里边一层内膜上沉积了一些脂肪和胆固醇之类的东西。这些东西能使细胞和组织受到损坏。被损坏的细胞核组织，与沉积在这里的胆固醇等物质结合在一起，看上去像粥一样。他们沉积在血管壁上，就会降低血管的弹性，使血管硬化，所以把这种病叫做动脉粥样硬化。这种粥样的东西还可能由于血液流动的冲击从血管壁上脱落下来，在血管内形成血栓。如果这些血栓随着血液的流动阻塞了比较小的动脉，那么由这股动脉供血的组织将会因为得不到血液而受到损害甚至坏死。心肌梗死就是这样引起的。

那么，那些胆固醇是从哪里来的呢？人体内胆固醇的来源有二：一是在人体内合成的。其二是从食物中吸收的。在正常情况下，人体内合成的胆固醇和从食物中吸收胆固醇之间处于一个相对平衡状态。一般来讲，从食物中吸收的胆固醇较少时，人体合成的胆固醇就增加；从食物吸收地胆固醇就相对减少。所以即使绝对不吃一点含胆固醇的食物，人体的肝脏等组织液可以把体内的糖、脂肪和某种氨基酸代谢的中间产物，转化成胆固醇。但是，经常过多地摄入胆固醇时，这种平衡状态就会被破坏。

研究表明，胆固醇升高的最主要原因是饮食不当。已知饱和脂肪酸有促进胆固醇的吸收的作用。吃了较多含饱和脂肪酸的食物，身体吸收、合成胆固醇的量也就多。此外，脂肪摄入过多还会使人肥胖，并与糖尿病、胆结石、乳腺癌等疾病的发生也有密切关系。适当的体育锻炼，可以明显地降低血胆固醇和体脂。因此，合理的营养，适当的参加健身锻炼，才是防治疾病、达到健康长寿之法宝。

为什么要适当多吃些蔬菜

在不少人的思想中，蔬菜就是各种绿油油的叶菜。其实这种概念太狭窄了。蔬菜通常可分成叶类蔬菜、果类蔬菜、豆类蔬菜和茎类蔬菜四大类，平时常食用的就有一百余种之多。

随着医学科学知识的普及，人们在饮食方面的观念，已经发生了很大的变化。以往的那种只有大鱼大肉才能强身健体的观点，已成为过去，觅取最佳蔬菜、健身防病，已成为当今饮食养生之热门股，为什么呢？

蔬菜能健身防病的功能，首先表现在它所含的维生素C。维生素C在体内氧化还原过程中发挥重要作用，并与胶原蛋白的合成、胆固醇的代谢有关，还可促进肠道内铁的吸收，人体若缺乏维生素C，胶原蛋白合成会发生障碍，出现创口、溃疡不易愈合，毛细血管通透性增大，引起皮下、肌肉出血等坏血症。维生素C还具有解毒作用，可缓解铅化物、砷化物的毒性，还能阻止亚硝酸类化合物的合成，如果缺乏维生素C，这种防御解毒作用就相应降低，那些有害物质就相应增多。维生素C主要存在蔬菜、水果中，尤其是黄绿色蔬菜，每100克含10~50毫克。其他类食物则基本不含这种维生素。因此，要得到这种营养素，我们每天都应吃蔬菜。

蔬菜的另一个主要作用是，可提供丰富的β胡萝卜素。β胡萝卜素在体内可转变为维生素A，故又称其为维生素A原。这种维生素的作用是维持正常视觉和上皮细胞的健康。缺乏维生素A，会患夜盲症，并引起皮肤干燥、毛囊角化而像"鸡皮"。β胡萝卜素主要含于黄绿色蔬菜、胡萝卜中，每100克黄绿蔬菜中约含60~120微克。有的人长期不吃荤食，但只要有充足的蔬菜，一般不易缺乏维生素A。

蔬菜还有一个重要作用是含有丰富的纤维素。虽然人不能消化利用纤维素，但食用以后可加强肠道的蠕动，利于大便畅通，从而使那些有毒的、致癌的物质在肠道内的停留时间大大缩短，防止结肠、直肠癌的发生。纤维素在肠道内还有吸附胆固醇的作用；可减少机体对胆固醇的吸收。多吃含纤维素的蔬菜，也有利于防治冠心病，防治肥胖。

许多蔬菜还含有一种人体代谢所不能缺少的微量元素——钼。已有资料证明，食道癌、肝癌的发病可能与钼缺少有关，在红萝卜、白萝卜、大白菜等蔬菜中含钼较多。除此之外，许多蔬菜又是日常家庭重要的自疗食物。葱、蒜、辣椒中辣素有杀菌作用，可用以防止肠道传染病。香菜能促进人体末梢血液循环。胡萝卜有降压强心作用。大蒜具有良好的降脂、降压、降血糖作用，还是天然的抗癌物质。

蔬菜鲜嫩，富含水分，具有生命活力。新上市的蔬菜从表面上看来似乎停止了生长，但实际上却仍然进行着复杂的生物化学变化。随着这些变化，其营养成分逐渐下降。因此，选购蔬菜时应尽量选择新鲜蔬菜。要防止吃腐烂的蔬菜，尤其是烂白菜。

蔬菜，真称得上是"绿色宝库"！老少皆宜。真可谓"四时佳蔬任君尝，益寿延年保健康。"

怎样安排好您的一日三餐

每天，您总会碰到这样的问题："今天三餐吃什么好呢？"确实，一日三餐天天吃，怎样吃好这三顿饭，确实大有学问的。一日三餐分配必须适应生理状况和工作需要，才能使人精神焕发，身体健康，以充沛的精力投入到紧张的学习和工作中。那么，怎样合理安排好一日三餐呢？人们在生活实践中总结出了"早吃好、中吃饱、晚吃少"的经验。

上午是学习、工作的重要阶段，所以从医学角度讲，在一日三餐安排上强调"早饭要吃好"是有道理的。清晨，经过一夜的睡眠，体内的生理活动以把隔天的食物消化吸收殆尽，胃部空空。这是必需补充热量，且胃肠道对食物消化吸收也较快。然而，许多双职工和学生，常因早晨时间紧、家务事多或由于睡懒觉，早餐匆匆忙忙胡乱吃些稀饭、酱菜，或者每天吃个炸油条，失去摄入营养的好时机。有的根本不吃，其结果必然是入不敷出，不到中午就饿得发慌。因此，早餐的质量要高些，加上早晨刚起床，一般胃口都不太好，所以不仅要营养丰富，还要美味可口。要吃些蛋白质丰富的食品，并做到"干稀搭配"，如牛奶、豆浆、粥加上鸡蛋、黄油、果酱、面包、豆包、熟肠、馒头、大饼等类，其数量应达到全天食量的30%左右，并且应搭配、变换，不要天天一样。

俗话说："中午饱，一日饱。"午餐是一日中主要的一餐，是在人们一天最紧张劳累中进行的。由于上午体内热量消耗较大，午后还要继续工作学习，因此午餐起着重要的"承上启下"作用，不吃饱就无力应付工作学习所消耗的要求，故午餐要饱。其供给身体的营养物质要占全日需要量的40%左右。要注意荤素及多品种的合理搭配，保证各种营养素蛋白质、脂肪、糖、矿物质和维生素的合理补充。

俗话说："晚饭少吃一口，能活九十九。"晚餐是在一天紧张劳动之后进行的。由于晚间的活动量大为减轻，而且临近睡眠，所以从古至今都主张"晚饭莫吃饱"，其食量应占全天进食量的30%以下。因为睡眠时，大脑皮质处于抑制状态，体内消化腺分泌减少，对食物的消化功能明显减弱，若晚餐大鱼大肉吃得过饱，不但不会增进健康，反而影响胃肠的正常蠕动，加重心脏的负担。人过中年发"福"，糖尿病、冠心病的发生几率高，其中"罪魁祸首"可能就是丰盛的晚餐。

总之，合理安排好您的一日三餐，会使您精力充沛，干劲倍增。那种"早餐吃得少、午餐不吃好、晚餐酒饭饱"的不良饮食习惯，应予坚决改之。

然而，随着社会发展，现代人生活节奏发生了深刻变化，不少人晚上还要紧张地学习、工作，甚至到深夜。"晚饭少吃一口"显然已不能适应夜间继续工作的人们。对于工作到很晚的人则另当别论，有的甚至要吃夜宵。但夜宵不宜过饱、过油腻，也不宜食后即睡觉。

吃什么可使皮肤更健美

人的皮肤不仅具有保护作用，也是人体呼吸排泄的重要组织。日夜都擦着厚厚的油性很浓的或粉质的化妆品，势必妨碍皮肤呼吸，甚至完全将毛孔堵塞，其结果必然是适得其反。所以，不要把护肤剂视为皮肤健美的唯一良方。要保持健美的肌肤，除了适当施以保护剂之外，一方面是要加强皮肤锻炼，如多进行户外体育活动、日光浴及按摩、搓揉等，可使皮肤细腻红润，更富弹性。另一方面是要注意营养。因为人体各组织、器官中，皮肤对营养的吸收调节最敏感。几乎所有的营养缺乏症，都可在皮肤上表现出来，譬如体内缺乏蛋白质和必需的脂肪酸，皮肤就变得粗糙多皱，灰暗无光；缺乏维生素A，皮肤血管脆性增加，严重时皮肤上会出现紫块。

那么，吃一些什么东西可使皮肤更健美呢？

其实，日常膳食中有利于皮肤健美的食物很多，如鱼、虾、动物肝脏、蘑菇、木耳都含有丰富的核酸，能使皮肤变得光滑细腻。鸡、鸭和一些鱼的软骨中含有一种叫软骨素的物质，可增加皮肤弹性，延缓皱纹出现。肉皮、猪爪等缔结组织丰富的食物中富含胶原蛋白，它具有贮水功能，能滋养肌肤，使其保持细腻光泽。辣椒、白菜、胡萝卜、番茄及山楂、柑橘、柠檬等蔬菜水果中含有大量的维生素C和胡萝卜素，常吃新鲜蔬菜和水果，可抑制黑色素的合成，防止皮肤中胶原蛋白和弹性纤维遭受紫外光的照射而破坏，使皮肤润泽而富有弹性。豆油、菜油、花生油等植物油中，含有人体必需的脂肪酸，亦具有营养肌肤的重要功能。

因此，要使皮肤健美，从饮食上讲，就是要讲究营养的保证，注意从食物中摄取所需的蛋白质、脂肪，尤其是植物性脂肪。还要摄取充足的维生素A、B、C和E。体内有了这些营养物质，就可以保持皮肤光洁红润，富有弹性。注意皮肤的保养和饮食，你就会变得更加楚楚动人。

营养缺乏也会使人发胖吗

一讲到肥胖，人们自然而然地就会联想到营养过剩。按照传统的观念，一般人都认为，除患有内分泌疾病的人之外，肥胖主要原因是体内脂肪储存堆积，而脂肪堆积是营养过剩所致。因此，结论是"肥胖=营养过剩"。然而，科学家经过多年的研究证明，与营养过剩正好相反的营养缺乏，也是导致肥胖的原因之一。

营养缺乏，人理应消瘦，为何反而导致肥胖呢？其实，这里所说的营养缺乏，并非糖类、脂肪、蛋白质等营养素缺乏，而是缺乏与脂肪代谢有关的某些营养物质。我们知道，人体内的脂肪或膳食中摄入的脂肪，只有经分解代谢转化为热量被人体多利用。人才不致在体内储存堆积。脂肪的分解代谢离不开某些"元件"，如维生素及某些微量元素。已知维生素B_2和维生素B_6及烟酸均是体内许多与脂肪分解有关的酶的组成部分，铜、硒、铬则参与体内胆固醇的代谢。如果体内一旦缺乏了这些微量元素，体内的脂肪就不能被顺利地分解释放而只能堆积起来，长此以往，就越积越多，越多越胖，以致形成营养缺乏性肥胖症。

另据美国医学家们的研究还发现，有的人身体发胖，与其饮水不足也有关。人体内的无源能量代谢都需以水为媒介，饮水量不足，就有可能影响到体内脂肪组织的正常代谢。

由此可见，人们通过正常膳食补充的各种营养素是必要的。那种认为"喝水会使人发胖"，"不吃才能减肥"的观点，纯属无稽之谈。要知道，挨饿的结果，则有可能引起营养缺乏，减慢新陈代谢过程而是脂肪分解代谢受阻。有的甚至产生更强烈的食欲，最终的结果只能是适得其反。

科学分析表明，动物肝脏、蛋类、鱼类、肉类、大豆、绿叶蔬菜等食品中含有丰富的维生素B_2、维生素B_6和烟酸等维生素；谷类、豆类、坚果、贝类和奶制品中铬含量最高。因此，只有杂食和细食混吃，荤食和素食搭配，兼收并蓄，才是养生健身之真谛。

怎样判断自己的营养是否适宜

有神的眼神，乌黑发亮的秀发，红润柔滑的皮肤，富有弹性的肌肉，匀称轻盈的体态，自里到外透着自然美、健康美。而健与美的获得，与日常饮食有着密切的关系。科学合理的饮食，既使人健康，又使人美丽。

饮食的核心是营养，人为了维持生命及工作、学习、劳动的需要，必须不断地从饮食中获得足够的蛋白质、脂肪、糖、水、无机盐和维生素等营养素。摄入的营养素少了，会得营养缺乏症，多了又会患营养过度症，这些都直接影响人体的健康与美丽。

日常生活中，我们如何来判断自己的营养是否合适呢？其实，营养调查的方法很多，如通过膳食调查，计算出每人每天食物中摄取的各种营养素的平均摄入量，从而评价膳食质量是否是否满足或超过人体的实际需要量。通过体格检查，根据身高、体重、胸围、头围及皮褶厚度等指标来判断营养状况。通过生化指标检测，分析血液、尿液中有机成分的含量，查明是否有营养缺乏等临床症状。其中最简单易行的方法，就是身高、体重的测定了。

测量身高、体重为营养综合指标评价方法之一。身高反应骨骼的发育，即体内蛋白质，钙等营养贮存的情况，它在发育期随年龄增加而增加，至成年稳定。体重是项综合指标，反映肌肉、内脏的发育，即体内蛋白质、热量的贮备情况。当体内发生营养变化时，体重较身高更敏感的反映出来。

应当注意，人的身高在一日中变化为1~2厘米，早晨最高，晚上最矮，上午10时左右约为全日的中间值。体重在一日中也会随饮食的增加，随运动、排泄、出汗而减少，最好的测定时间也是上午10时左右。

根据身高、体重测量的结果，按以下公式计算出标准体重，然后将实测体重与标准体重进行比较：

$$标准体重（千克）=身高（厘米）-105$$

$$肥瘦度（\%）=（实测体重-标准体重）/标准体重\times 100\%$$

如果所求值在正负10%以内，则为正常。超过10%~20%为体重过剩，超过20%为肥胖。低于10%为瘦弱，低于20%为严重瘦弱。

此外，还可以通过观察皮肤、指甲、头发、眼睛、口腔等体征来判断营养状况。例如，当营养不良时，皮肤、指甲就变成苍白色，呈现贫血现象，当体内缺乏营养物质（如糖类、脂肪、蛋白质）时，皮肤局部呈枯黄色；缺乏维生素C和维生素K时，表皮内常有出血症状；缺少维生素A时，颈部、背部、臂部会出现毛囊角化症。头发若出现较脆、无光、易断等症状，也可能是营养不良的表现。吃糖过多，头发会发黄，维生素B_2摄入太少会引起脱发；缺锌可能引起脂溢性皮炎也导致脱发。

慢性维生素缺乏，指甲变薄、变脆、凹陷或开裂。

氟缺乏易引起龋齿而过多又引起牙表面无光泽，出现色斑。维生素C缺乏，可产生齿龈炎，易发生牙龈出血、牙龈肿等症，唇炎或口角炎则可能是维生素B2缺乏引起的。

如果缺乏维生素A，会出现眼球无光，或到晚上蒙呼呼看不清事物体，眼睛发干、眼角发涩，有时还出现迎风流泪现象。

总之，经常评定和检测自己的营养状况，从而有目的有针对性地及时调整改善饮食，将会使你更加健康。

运动量大会引起营养不良吗

回答很明确：如果运动、饮食得当不会引起营养不良；如果运动、饮食不当则会引起营养不良。"民以食为天"，人们知道每日三餐，吃一定数量的饮食，经体内消化、吸收后，为人体内进行正常物质代谢所必需的物质和供给人体活动所需的能源。如果人们进行大运动量体育运动，休内的生理机能和代谢水平尽管比平常大得多，但却完全能从每天的饮食中及时得到补充，当然这种饮食需要有足够的数量和食物之间适当比例，通常，每天膳食中需有7种必不可少的食物，即米、面或其他粮食、薯类、绿色或黄色等有色蔬菜，蛋白食品（植物性或大豆类掺用）、烹调食油、水果或瓜、茄、食盐、其他调味品及个人爱好的营养品，根据现在我国城镇居民的生活条件，只要一日保证定时的三餐，一般足够满足健身性运动的需要的，当然进行的健身性运动量确实很大，或者为了参加竞赛，那就适当补充些维生素C或其他营养品。另外，要保证运动后的良好休息与充足的睡眠，这是促进运动后恢复的重要条件。只要注意这些，保健性运动的运动量是不会引起营养不良的。但是如果有以下因素，则会造成运动后营养不良：

（1）膳食结构不合理，这主要是个人的饮食习惯和不良爱好而造成缺乏某种营养素，其中比较常见的就是不喜欢吃蔬菜，加上无条件吃水果会导致某种维生素的缺乏。

（2）身体患有某些消化、吸收或对营养物质利用不利的慢性疾病。

（3）"心血来潮"，突然加大运动量而产生应激性食欲减退、失眠等不良的暂时机能紊乱。

（4）个人的生活无规律或无节制而严重影响运动后正常恢复所需要的休息、睡眠。

（5）由于主观和客观因素而造成精神上的负担过重。

早晨锻炼前是否需要吃点东西

参加健身运动的，大都喜欢在清晨选择在有树木花草的空地进行散步、做操或打拳等，在正常情况下，锻炼后一般会有饥饿感。这也许就是有些人担心，在清晨空腹情况下进行早锻炼会不会练出病来，或者提出在早晨锻炼前是否可以吃点东西更保险。

我们知道，清晨无论是晨跑做操，还是打拳练功都需要消耗一定的能量，其能量消耗得多少，是与运动的强度成正比的。运动的强度越大，持续的时间越长，运动时的能量消耗就越多。

根据目前我国的广大民众所进行的保健性运动的强度一般不会很大，而运动的时间一般不会超过30分钟，若跑步，其跑距一般不会超过超过5 000米，如果是"练功"或打太极拳，那能量消耗相对更少。因此，健身的早锻炼前吃不吃点东西没有必要做一肯定的断言。这要看你进行早锻炼的运动强度和时间，个人的饮食质量和习惯，以及空腹早锻炼后的主观感觉。若早锻炼运动量大，晚餐又吃得早，又习惯吃7~8成饱（不少中老年人由此良好习惯），那不妨可喝些牛奶、稀饭或少量点心或糖水。如果空腹练后无不适感，也可以不吃。

但一定要注意，练前千万不要进食到有饱感。这样，会使胃胀满，会影响运动时的呼吸深度，并且胃的胀满也会影响运动时动作质量。

长时间运动中间一定要喝水吗

长时间运动，特别是在闷热的环境中，由于体内的物质能量代谢较长时间处于高水平，这就势必会引起体温身高。人体为了不至于体温过高而反射性地增加了排汗以加快体热的散发。汗液中水分占98%~99%，排汗多了，体内水分当然也随之丢失。如在夏季长跑30分钟，排汗量高达563毫升。但人体的水分必须保持相对恒定，多了会排出，少了需补充。所以，从排汗增加而致水分大量丢失这点上讲，长时间运动中应该适当适时补充水分，否则，水分的大量丢失会影响人体正常的生命活动，因为水不仅参与机体的物质代谢过程，水还是维持体温恒定和保持腺体分泌功能的重大作用。另外，谁也是血液中的主要成分，它要确保血液在血管中循环流动，为集体物质运输的实现创造条件。

长时间运动需及时补充水分的典型实例是在马拉松跑途中，运动员往往会多次补充饮料。在习惯上，这些饮料的成分主要是水、葡萄糖或白砂糖、食盐（氯化钠）、维生素和无机盐（矿物质）。运动员之所以在长时间运动项目的竞赛中间补充饮料，一是为了补充能源和维生素，以防止长时间运动为引起的低血糖和过早地出现肌疲劳；二是为了补充因长时间剧烈运动而丢失的水分和无机盐（主要是钠、锌、镁等），以防止因水分和低无机盐而发生的神经肌肉的工作能力降低、心律失常和肌肉抽筋；三是为保证肌肉运动的持久能力。对这种途中补充饮料的做法，有的学者持不同的观点，他们认为，运动员只要在赛前加强营养，增加体内糖的贮备，在运动途中不一定要喝饮料，以免影响跑速。

那么作为健身性的长跑运动，在途中是否一定要喝饮料呢？

根据身体需要和个人习惯，途中喝饮料是可以的，但要注意饮料的内容、口味感和量都要符合自己的喜爱和习惯，通常以补充后舒适、有利于继续运动为好。

长期参加体育锻炼者要比平常人多补充一些维生素吗

经常进行体育锻炼者，由于其体内的代谢过程和组织的更新比常人快，因而作为代谢的重要调节物质"辅酶"的需要量必然要多于常人。另外，人体在进行体育活动时，无论在什么季节，一般都会出汗，特别是进行对抗性激烈的或长时间的运动，尤其是在炎热的夏季，出汗就会更多，维生素会从汗中流失到体外，体内就会缺少，这时就需要补充。据近年来有关学者的研究证实：体育活动爱好者，即使一日三餐高食用质量的膳食，也保证不了其高水平生命活动对维生素的需要量，从而导致缺乏维生素，特别是缺B族维生素。维生素虽不是体内能源，也不是构成人体组织的物质，但由于它参与人体的物质代谢调节，故它是维持人体生命活动不可缺少的一类微量营养素。再加上大多数维生素在体内不能合成，或合成速度缓慢而不能满足生命活动的需要，所以每天必须从食物中摄取；否则，人体就会因缺乏维生素而引起特异性缺乏症，严重者可危及生命。当然，若摄入过多而在体内堆积也会导致中毒症。因此，长期进行体育锻炼者，必须比常人要适当地多服用些维生素，但不是越多越好。

那么，应多服用多少才为合适呢？由于每个人所进行体育活动的性质和活动量不一，再加上每个人的饮食量和饮食爱好、习惯不一，这就造成每个人每天的需要不一，故不能规定出一个同意的量化标准，原则上，每个人依自己从事的运动性质和活动量的大小，以及所在地的气候及个人饮食条件、习惯而决定自己的补充量。通常，活动量越大，对抗性越激烈、天气越热而闷，对维生素的需要量也越大。那么注意多吃新鲜蔬菜和水果，一般不会缺少人体必需的维生素。如果发生缺少维生素主要由以下几种原因：①偏食，特别是蔬菜、水果吃得少。每日每天至少吃500克新鲜蔬菜和水果，而且品种要多样；②体内对维生素的消化吸收有障碍；③因患有某些疾病导致维生素需要量加剧。如果是后两者，则应就医对症治疗。

饭后马上运动对身体有什么害处吗

"饭后百步走，活到九十九"，"饭后百步，不上药铺"，这是我国人民自古以来风行的养生之道。然而，近年来国内外一些专家的研究结果表明，此道未必正确。他们认为，饭后立即运动，即使是散步，也并不能延年益寿，而是有损于健康的。为什么饭后运动不利于健康呢？其原因主要有以下几个方面：

（1）运动刺激胃部。由于胃的生理特点，它在腹腔与其他的脏器牵系不多，只要体位略有变换即可发生移动。如果饭后运动，充满食物的胃就会随着身体重心的移动而颠簸震荡，胃不断受到刺激，并不断地牵拉肠系膜，很容易引起腹痛、恶心、呕吐等症状。饭后1小时，胃内食物已很少，但基本排空约需数个小时。因此，在食物从胃部送到腹腔之前，要避免剧烈运动。

（2）运动可导致自主神经功能紊乱。调节人体内脏活动的神经是自主神经系统。自主神经包括交感神经和副交感神经，两者之间有相互制约的作用。进食后，副交感神经的兴奋性升高，交感神经的兴奋性降低，消化系统的活动增强，血液供应增多，食物在胃肠道被消化吸收，消化吸收的糖类被合成糖原而储存起来，而循环系统平静稳定，身体处于"修养生息"的状态。运动时相反，交感神经的兴奋性升高，副交感神经的紧张性降低，循环系统的功能增强，心率加快，心输出量增加，储存的糖原分解以供肌肉运动的需要，身体处于"应激工作"的状态。如果饭后马上运动，就将扰乱和破坏交感神经和副交感神经之间的协调性，易引起自主神经功能紊乱，这样运动很难达到预期的效果，并有损于健康。

（3）运动会使血液重新分配。血液分配是指心输出的血液流经各脏器的比例，这个比例会因饮食、运动而发生变化。进餐后，为了消化吸收食物，胃肠分泌大量的消化液，蠕动也极为频繁；肝脏、胰腺也要参与对食物的消化分解，这些器官在饭后都需要大量的血液供应。运动时，骨骼肌需要的氧气和能量骤增，对血液的需要量大大增加。这时，肌体在神经—体液的调节下，腹腔内脏器的血管收缩，肌肉中的血管舒张，血液进行重新分配。据测定，安静时人的心输出量每分钟约为5升，其中49%流向肝、胆等内脏脏器，流向骨骼肌的占20%。运动时，心输出量增加但血流比例增加最多的是骨骼肌，例如，在进行大强度运动时，骨骼肌的血流量约占心输出量的88%，而腹部脏器的血流反而比安静时减少，仅占

2%。饭后运动，肌肉和消化器官同时需要大量的血液，为适应运动应激，运动器官的血液供应优先，消化器官供血不足，消化吸收难以顺利进行。有人曾作过动物实验，先将狗喂饱，然后让它拉一辆很重的小车，观察狗的消化功能。在拉车的几个小时内，狗的胃液和胰液分泌减少，食物由胃进入肠的速度变慢，消化能力减弱。经常饭后运动，胃肠道在进行消化吸收时经常处于供血不足状态，会引起消化系统的疾病。

那么，饱餐后隔多长时间才能运动呢？这要看进食的程度和运动的强度。一般说，餐后胃肠道需要2.5~3小时足够的血液供应，因此在这段时间内不宜进行剧烈运动。如果吃得不太饱，进行的运动强度也不大，一般隔30分钟到1小时就可以了。如果你留心观察的话，大多数动物饱餐后都要卧倒休息，那么作为万物之灵的人也按照自然界的规律去做，总不会有错吧？

为什么运动后不能马上进餐

经常看到一些青少年，在进行了体育运动，如打球、游戏等活动之后，满头大汗地跑回家，气喘吁吁地就上了餐桌，他们的家长知道人们在运动中消耗了很多，也生怕饿坏了这些宝贝，连忙端出美味可口的饭菜，催促着他们快吃饭，多吃点，希望他们多增添些营养，以补偿运动中机体的消耗。看着孩子们狼吞虎咽的样子，妈妈们感到心满意足。也许，很少有人意识到，在这狼吞虎咽之中却潜藏着对人体健康的危害。

如同饱餐后不能马上运动一样，运动后也不宜马上吃饭。

运动刚停止时，虽然交感神经的紧张性开始减弱，但在一定的时间内仍然处于较高的兴奋状态，而副交感神经的兴奋性仍然较低，消化系统的技能仍处于抑制状态，血液供应较少，胃肠道蠕动较弱，消化液分泌不足，此时进餐，会使食物在消化道内不能充分地与消化液混合，影响了食物的分解，也使各种营养素不能很好地被吸收和利用，这当然也就补偿不了机体在运动中所消耗的物质。而且，如果胃肠道经常在这种相对缺血的状态下工作，将有损于消化系统的功能。因此，运动后马上吃饭，不仅不利于食物的消化吸收，同时也易引起消化不良、胃炎等各种慢性消化系统的疾病。特别是青少年，如果不注意运动后进餐的时间，对于他们的生长发育会产生不良的影响。如果很饿，怎么办？可以先让少量喝些葡萄糖或蔗糖水。

那么，运动后多长时间才能吃饭？这取决于运动强度和运动量。一般认为，在运动结束后，可进行适当的休息，使心、肺的活动基本恢复至安静水平，胃肠做了适当的准备后再用餐较适宜。剧烈的大运动量锻炼后，应休息1小时后再进餐，而一般性的体育锻炼，休息半小时即可进餐。

体力劳动能代替体育锻炼吗

有些从事体力劳动的人认为，每天的工作是在不停的活动，体力消耗不少，也是一种运动，就用不着再参加什么体育锻炼了。持有这种想法的人并不少，可是是否正确呢？我们认为，体力劳动并不能代替体育锻炼。

一般的体力劳动，由于工种的不同，身体常处于一种固定的姿势，肌肉活动较局限，如木工、煤矿工人常都是弯着腰干活；车工、售货员总是站着干活。这样，全身肌肉的用力很不均衡，局部的肌肉过于紧张，容易疲劳，而肌体大部分的肌肉得不到活动和锻炼。另外，劳动时体位变化较少，往往会引起肌肉慢性劳损和职业病，如果在工作之余，做做操、打打拳、跑跑步，参加一些体育活动，就能使身体的位置发生改变，使局部的肌肉得以充分的放松，身体其他部位的肌肉得以活动，这不仅锻炼了身体，也可以预防肌肉的劳损和职业病的发生。

在进行体力活动时，由于动作单一，对呼吸、循环系统的影响较少，心肺得不到"锻炼"。适当的体育锻炼，能促进全身血液循环，心率加快，心肌收缩增强；同时使呼吸加快、加深，肺通气量增加，改善和提高心肺功能。与此同时，身体各器官及各部位的肌肉能得到更充分的养料和氧气，加快了劳动后肌肉代谢产物的清除，有利于机体的恢复。有人说，锻炼不是会使体力劳动者消耗更多的能量吗？事实上，人体能量物质储备是十分充足的，体力劳动疲劳时能量物质远远没有耗尽。良好的睡眠固然是恢复体力的重要手段，但适当的锻炼，加速了血液循环，增加了摄氧量，能促使能量物质合成过程更旺盛。事实上，在一定范围内，人体活动时消耗的能量物质越多，恢复过程就越旺盛，恢复合成的能量物质可超过体内原有的储存量，更有利于体质的增强，体质的增强也使抗疲劳能力得到提高。一些工厂和农村开展各种体育活动后，工人和农民的体质进一步增强，发病率下降，劳动生产率提高，就是很好的例证。

当然，体力劳动者的锻炼，要根据工种的特点及个人体质状况，在活动量上要有所区别。一般锻炼时间不要太长，15~20分钟即可，运动量也不要太大。体力劳动者们，只要您注意体育锻炼的科学性，就可进一步提高您的健康水平。

脑力劳动者健身锻炼和饮食应如何安排

从事脑力劳动的人，往往一坐就是几个小时，有的人甚至昼夜不歇，废寝忘食，绞尽脑汁，中枢神经经常处于高度紧张状态。殊不知，大脑是会疲劳，要"罢工"的。当大脑工作的时间过长，神经细胞过分劳累，人就会打瞌睡，甚至昏昏沉沉，这就是大脑开始"罢工"的信号。因为长时间的脑力劳动，脑神经元一直处于激烈活动之中，得不到足够的氧气和能量的供应，大脑神经结构将受到损伤和破坏，甚至发生"人罢工"脑力衰竭，最终影响工作效率。

如何避免大脑"罢工"呢？古希腊哲学家亚里士多德说过，最容易使人疲惫的，最易于损伤人体的，莫过于长期缺乏体力活动。因此，脑力劳动者要想保持精力充沛，体育锻炼是一种行之有效的方法。

人的大脑有功能不同的中枢和左、右半脑。在日常工作和学习中，左脑擅长抽象思维，具有语言、分析、计算等能力，是脑力劳动者用脑的重点所在。在进行思维工作时，运动中枢处于抑制状态，而在进行体育活动时，运动中枢的兴奋可以抑制思维中枢，使左脑能忙里偷闲，得到充分的"轮休"。更重要的是，运动是最有功效的供养形式。

大脑的重量虽然只占体重的2.5%，但它所消耗的能量却占全身的1/4。大脑的能量来源主要是葡萄糖，而葡萄糖的分解需要氧气，使它氧化后才能产生能量，当脑细胞处于紧张活动时，大脑对氧的摄取量为每分钟80毫升，是身体其他任何器官不能相比的。大脑消耗的氧，需要通过大量的血液快速地流动才能源源不断地得以供应。运动的效应在于促进气体交换，改善血氧含量，加速血液循环，促使更多的血液流经大脑，疲劳的脑细胞才能得到更多的氧，使头脑清醒，思维敏捷。

主要参考文献

[1] 黄咏. 民族健身操与健美操之比较研究[J]. 贵州民族学院学报, 2008（5）: 190-192.

[2] 李琪, 李萍. 民族传统体育项目走向世界应具备的特点[J]. 体育文化导刊, 2005（2）: 48-49.

[3] 宋彩珍, 朱小红. 从肚皮舞的演进历程看中国民族健身操价值的理性回归[J]. 吉首大学学报, 2008（9）: 108-112.

[4] 许爱梅, 严壁, 王海英. 少数民族舞蹈健身价值分析[J]. 体育文化导刊, 2008（12）: 24-27.

[5] 万义, 白晋湘, 刘剑. 图腾文化转型与民族传统体育价值特性的关系[J]. 上海体育学院学报, 2007, 31（1）: 69-75.

[6] 白晋湘. 民族传统体育文化学[M]. 北京: 民族出版社, 2004.

[7] 许爱梅. 民族健身操的价值及应用前景[J]. 体育学刊, 2007（8）: 64-67.

[8] 白晋湘. 从高脚运动的演变历程看民族传统体育的现代化[J]. 北京体育大学学报, 2004（6）: 727-729.

[9] 杜熙茹. 对民族健身操进入第八届全国民族运动会竞赛项目的可行性分析[J]. 哈尔滨体育学院学报, 2006（2）: 27-28, 117.

[10] 李俊怡, 胡悦, 方征. 论民族健身操在学校开展的前景——以中央民族大学为例[J]. 体育文化导刊, 2008（1）: 95-97.

[11] 李俊怡. 少数民族传统表演项目的特点和类型[J]. 黑龙江民族丛刊, 2006（3）: 98-102.

[12] 国家体育总局. 少数民族传统体育项目竞赛和表演规则及裁判法民族健身操比赛规则、民族健身操裁判法[S]. 广州: 广东人民出版社, 2007, 499-505.

[13] 黄善球. 试论少数民族传统体育在高校体育教学中开展[J]. 广东技术师范学院学报, 2008（6）: 92-94.

[14] 张晋莉, 寇冬. 高校开展新疆健身操选修课的设想——以昌吉学院为个案分析[J]. 昌吉学院学报[J]. 2007（1）: 77-80.

[15] 陆晨, 刘少英. 广场文化与民族健身操协同发展研究[J]. 体育文化导刊, 2008, 6: 42-43.

[16] 梅峰. 少数民族传统体育与全民健身运动[J]. 宁夏大学学报. 人文社会科学版, 2001, 23（4）: 111-113.

[17] 赵昌毅. 中国少数民族传统体育运动发展展望[J]. 北京体育大学学报, 2000,

23（1）：11-13.

[18] 肖光来.健美操教程［M］.北京：人民体育出版社，2004.

[19] 王洪.健美操教程［M］.北京：北京人民体育出版社，2001.

[20] 黄宽柔，姜桂萍.舞蹈与健美操［M］.北京：高等教育出版社，2003.

[21] 黄咏.论我国少数民族舞蹈与健美操的相溶性与共通性［J］.中国中医药学，2005.

[22] 马鸿韬.健美操创编理论与实践［M］.北京：高等教育出版社，2004.

[23] 玉全，李建坤.学校健美操与艺术体操创编及教学训练指导手册［M］.北京：中国教育出版社，2004.

图书在版编目(CIP)数据

民族健身操教程/寸亚玲著. —上海:复旦大学出版社,2014.4 (2021.1 重印)
ISBN 978-7-309-09468-8

Ⅰ.民… Ⅱ.寸… Ⅲ.少数民族-健美操-中国-高等学校-教材 Ⅳ.G831.3

中国版本图书馆 CIP 数据核字(2013)第 011448 号

民族健身操教程
寸亚玲　著
责任编辑/魏　岚

复旦大学出版社有限公司出版发行
上海市国权路 579 号　邮编:200433
网址:fupnet@fudanpress.com　http://www.fudanpress.com
门市零售:86-21-65102580　团体订购:86-21-65104505
外埠邮购:86-21-65642846　出版部电话:86-21-65642845
上海崇明裕安印刷厂

开本 787×1092　1/16　印张 13　字数 301 千
2021 年 1 月第 1 版第 2 次印刷

ISBN 978-7-309-09468-8/G·1160
定价:50.00 元

如有印装质量问题,请向复旦大学出版社有限公司出版部调换。
版权所有　侵权必究